Thomas Kästner · Andreas Kießling · Gerrit Riemer (Hrsg.)

Energie in 60 Minuten

W0187839

Thomas Kästner
Andreas Kießling
Gerrit Riemer (Hrsg.)

Energie
in 60 Minuten

Ein Reiseführer durch
die Gaswirtschaft

Mit einem Vorwort
von Günther Oettinger

VS VERLAG

Bibliografische Information der Deutschen Nationalbibliothek
Die Deutsche Nationalbibliothek verzeichnet diese Publikation in der
Deutschen Nationalbibliografie; detaillierte bibliografische Daten sind im Internet
über <http://dnb.d-nb.de> abrufbar.

1. Auflage 2011

Lektorat: Frank Schindler | Verena Metzger

VS Verlag für Sozialwissenschaften ist eine Marke von Springer Fachmedien.
Springer Fachmedien ist Teil der Fachverlagsgruppe Springer Science+Business Media.
www.vs-verlag.de

Umschlaggestaltung: KünkelLopka Medienentwicklung, Heidelberg
Druck und buchbinderische Verarbeitung: Ten Brink, Meppel

Printed in the Netherlands

ISBN 978-3-531-18183-7

Inhalt

Gas – Das unbekannte, gefährliche und teure Wesen?

Gas begleitet von Anfang an die industrielle Entwicklung der Welt und durchdringt viele Lebensbereiche. Noch weit vor Einführung elektrischen Lichts sind die ersten Gaslaternen in den Großstädten aufgestellt worden, die einige Stadtviertel noch heute in ein besonderes Licht tauchen. Gas diente auch schon weit vor der Elektrizität zum Heizen von Räumen oder zum Herstellen von Wärme und Dampf in der Industrie. Und Gas hat den Menschen auch den Traum vom Fliegen erfüllt: Erst in Ballons mit Gas, das leichter als Luft ist, und später – in Form von Wasserstoff oder Helium – in Zeppelinen. Gas und Fortschritt liegen dicht beieinander.

Das im Haushalt, in Verkehr und in der Industrie eingesetzte Erdgas gilt als „gute Energieform", weil bei der Verbrennung im Vergleich zu anderen Energieträgern weniger CO_2-Emissionen und Luftschadstoffe freigesetzt werden.

Doch der Lack hat Kratzer abbekommen: Bei vielen Bürgern besteht eine latente Angst vor Gasexplosionen im eigenen Haus, die Abhängigkeit der Versorgung wird Politik und Bürgern meistens dann schlagartig bewusst, wenn Russland und die Ukraine wie im Winter 2009 den Gashahn zudrehen und auch die Diskussion über hohe Gaspreise, Ölpreisbindung und Bildung von Gaskartellen beherrscht die öffentliche Berichterstattung. Der Gasmarkt gilt im Vergleich zum Strommarkt für viele als weniger entwickelt und intransparent, die Konzentrationsdichte als höher und ein Wechsel des Versorgers als unmöglich. In der Folge haben sich Gruppen von so genannten „Gaspreisrebellen" zusammengeschlossen, die die Bezahlung ihrer Rechnungen verweigern, und eine große Zeitung bezeichnete einen Gasmanager in diesem Zusammenhang auch schon mal als „Graf Raffzahn".

Die Stimmung ist nicht nur in Deutschland aufgeheizt. Trefflich wird international über Sinn und Unsinn neuer Gaspipelines diskutiert: Polen will keine neue Leitung in der Ostsee, die das eigene Land umgeht, die Türkei verbindet ein Leitungsprojekt auf eigenem Boden offen mit Forderungen einer EU-Aufnahme und immer wieder richtet der Westen sorgenvoll seinen geopolitischen Blick auf das Land mit den weltweit zweitgrößten Gasreserven: Iran.

Öl ist seit vielen Jahren zur Waffe bzw. zu einem Kriegsgrund geworden, denn ohne Öl kann keine Volkswirtschaft und kein Land bestehen. Erste Tendenzen, dass es auch bei Gas zu ähnlichen Entwicklungen kommen könnte, zeigen sich bereits: Zu schnelle Ausbeutung der Reserven, Einsetzen von Versorgungssicherheitsproblemen und Abhängigkeiten als „politische" Waffe, Ignorieren von Umweltstandards bei der Exploration, politisch motivierte und undurchsichtige Vergabe von Förderkonzessionen und Ausschluss der ärmeren Bevölkerung am Reichtum der Förderländer. Hat der „kalte Krieg ums Gas" bereits begonnen?

Anders als in einigen afrikanischen oder südamerikanischen Förderländern und Regionen, in denen regionale Konflikte nicht nur mit Worten ausgetragen werden, bedienen sich die Supermächte einer anderen Technik: Hochleistungsunterseeboote rammen zum Abstecken des eigenen Claims in großer Tiefe medienwirksam die eigene Fahne in den Meeresgrund und zum Beweis der militärischen Stärke werden Gebiete mit Öl- und Gasvorkommen besonders oft mit strategischen Aufklärungsflugzeugen durchflogen, um Ansprüche durch Präsenz zu untermauern. Das heutige Klondike liegt also tief unten in der Arktis, wo die modernen Goldgräber bereits unterwegs sind.

Auch auf politischer Bühne wird von den Importnationen um die begrenzten Ressourcen gekämpft: Im feinen Zwirn, mit Diplomatenpass oder mit dem Gesetzbuch unter dem Arm. Oder noch besser gleich mit dem Stift in der Hand, um das Gesetzbuch zu schreiben. Militärische Zugeständnisse, Infrastrukturangebote zur Stromerzeugung oder Zusagen für Entwicklungshilfe im Gepäck können da ebenso wirksam sein. Die Sicherung der eigenen Energieversorgung weckt eben bei vielen Ländern schnell nationale Reflexe und einen gewissen Egoismus.

In Anlehnung an das erste Buch dieser Reihe „Energie in 60 Minuten – Ein Reiseführer durch die Stromwirtschaft" soll in diesem Band die Materie der Gaswirtschaft erläutert werden. Der Bogen wird dabei von der Belieferung eines Kunden hin zu den geopolitischen Zusammenhängen der Gasexploration und dem Transport gespannt.

Das Buch vermittelt technische, ökonomische, rechtliche und politische Zusammenhänge der Gaswirtschaft und setzt dabei bewusst auf verständliche Erklärungen. Es wendet sich daher an jeden Interessierten, der sich in der laufenden Energiedebatte „nicht mehr mitgenommen" fühlt und sich beteiligen möchte.

Der Gasmarkt befindet sich massiv im Umbruch, neue Anbieter drängen auf den Markt, bisherige Geschäftsmodelle werden überarbeitet und neue Produzenten treten selbstbewusst auf die Bildfläche. Welche Chancen hat Deutschland in diesem neuen Wettlauf der Nationen um das Gas? Brauchen wir eine Energieaußenpolitik? Wie lange reicht das Gas überhaupt? Ist LNG oder sind „unkonventionelle" Gasvorkommen die Lösung unserer Versorgungssicherheit? Gibt es eine Gas-OPEC? Was wäre Russland ohne Gazprom? Hat die „Arabische Revolution" Auswirkungen auf die Versorgung? Können wir morgen die Gasrechnung noch bezahlen? Wird es Energiearmut geben und wer ist betroffen? Müssen die Gasmonopole zerschlagen werden? Wenn ja, welche, durch wen, wann und wo?

Auf viele Fragen gibt es keine isolierten und einfachen Antworten, kein „schwarz oder weiß". Viele Sachverhalte in der Gaswirtschaft sind unmittelbar über unsere Landesgrenzen und die europäischen Grenzen hinaus miteinander verknüpft, sie entziehen sich dem Einfluss von einzelnen Unternehmen oder einzelnen Ländern und müssen im Kontext betrachtet werden. Es obliegt dem Leser, sich selbst ein Bild zu machen und sich an der Lösungsfindung der Energie- und Gasversorgung unserer Zukunftsgesellschaft zu beteiligen.

Die nachfolgenden Kapitel, die allesamt von Experten und Praktikern geschrieben wurden, sollen beim Zusammenbinden der Fäden helfen.

Vorwort von Kommissar Günther H. Oettinger

Erdgas ist aus unserem täglichen Leben nicht wegzudenken. Wir nutzen es zum Heizen und Kochen, in der Wirtschaft wird es als Primärenergieträger und zur Energieerzeugung eingesetzt, und auch im Verkehrssektor spielt es eine wichtige Rolle.

Mitte des letzten Jahrhunderts hatte der gemeinsame Energiegedanke seinen Ursprung in den europäischen Kohlerevieren und war Gründungsbaustein für die 1951 gegründete Europäische Gemeinschaft für Kohle und Stahl, die später mit der Europäischen Atomgemeinschaft und der Europäischen Wirtschaftsgemeinschaft die Europäischen Gemeinschaften bildete. Weitere Etappen des europäischen Einigungswerkes waren dann die Europäische Gemeinschaft und zuletzt die Europäische Union.

Der Blick auf das vergangene halbe Jahrhundert zeigt uns, dass die Europäische Union eine Erfolgsgeschichte ist. Frieden, Wohlstand und Stabilität, wie wir sie heute kennen, wären ohne die EU nicht vorstellbar.

Heute muss sich die EU neuen Aufgaben stellen. Dazu zählen unter anderem die wirtschaftliche, soziale und ökologische Modernisierung im Zeitalter der Globalisierung, und die Sicherung der Ressourcen. Dies können wir nur gemeinsam erfolgreich bewältigen. Auch in der Energiepolitik haben uns die Gaskrisen der vergangenen Jahre gezeigt, dass nationale Egoismen nicht weiterführen. Eine Europäisierung der Energiepolitik ist deshalb ein entscheidendes Element für eine nachhaltige und sichere Energieversorgung.

Der Vertrag von Lissabon gibt der EU zum ersten Mal klare Befugnisse auf dem Gebiet der Energiepolitik. Außerdem betont der Vertrag den Grundsatz der Solidarität zwischen den EU-Staaten. Artikel 194 des Vertrags über die Arbeitsweise der Europäischen Union nennt folgende Ziele für die europäische Energiepolitik: Sicherstellen des Funktionierens des Energiemarktes, Versorgungssicherheit, Energieeffizienz und Energieeinsparungen, Entwicklung neuer und erneuerbarer Energieträger und Förderung der Verbindung der Energienetze. Dazu gehört auch der Ausbau unserer gemeinsamen Anstrengungen im Bereich der Energienutzung und -sicherung.

Die drei übergeordneten Ziele des neuen Energiepolitikrahmens der EU sind weiterhin Versorgungssicherheit, Nachhaltigkeit und Wettbewerbsfähigkeit.

In ihren beiden 2010 vorgelegten Strategiedokumenten, der Mitteilung über die Energiestrategie 2020 und dem Energieinfrastrukturpaket, bekräftigt die Kommission, dass Gas auch in den kommenden Jahrzehnten zum Energiemix in der EU gehören wird, und zwar nicht zuletzt, weil Erdgas flexibel einsetzbar ist.

Erdgas wird seiner Rolle als klimafreundlicher Energieträger aber nur dann gerecht werden, wenn die Gasmärkte richtig funktionieren. Erst dann kann Gas effizient und flexibel eingesetzt werden und als Backup bei Schwankungen in der Stromerzeugung aus dem steigenden Anteil Erneuerbarer Energien dienen. Unsere Erwartung geht an die Industrie, sich dafür einzusetzen.

Der Erdgaspreis muss stärker vom Ölpreis abgekoppelt werden und dem Spiel der Marktkräfte folgen. Die grenzüberschreitenden Leitungen müssen ebenfalls marktgerecht genutzt werden und die Bedingungen transparent sein. Und es ist nicht akzeptabel, dass in Europa zwischen zum Teil sogar gut verknüpften Ländern Preisunterschiede von bis zu 30% bestehen!

Deshalb arbeitet die Kommission intensiv an der Umsetzung des dritten Binnenmarktpakets. Der Energiebinnenmarkt ist das Fundament einer gemeinsamen Energiepolitik und er darf nicht nur schöne Theorie sein, sondern muss in der Praxis funktionieren. Bei Marktverzerrungen werden wir hart durchgreifen. Das Geschäftsklima muss stimmen, nicht zuletzt um auch neue Investitionen zu ermöglichen.

Um unseren Energiesektor bis 2050 zu „dekarbonisieren", d. h. CO_2-frei zu machen, müssen die Treibhausgasemissionen massiv reduziert werden. Ohne CO_2-Abscheidung und Speicherung (CCS) kann sich die Nutzung von Gas nicht entsprechend entwickeln. Deshalb ist der Einsatz von CCS-Technologien in der Energieerzeugung aus Gas eine der bedeutendsten Herausforderungen für den Sektor.

Auch nach 2050 kann die bestehende und entstehende Erdgasinfrastruktur weiter genutzt werden. Einerseits ist denkbar, dass fossiles Erdgas in Verbindung mit modernen Technologien wie CCS in der Stromerzeugung weiter eingesetzt wird. Andererseits könnte synthetisch hergestelltes Gas wesentlich dazu beitragen, die speicher- und transporttechnischen Herausforderungen der Erneuerbaren Energien zu bewältigen. Wenn aus Wasserstoff und Kohlenstoff mit überschüssiger Erneuerbarer Energie auf rentable Weise Methan erzeugt wird, kann aus diesem Gas zeitversetzt oder aber einfach an einem anderen

Ort, dafür aber zeitgleich, wieder Strom gewonnen werden, und dies CO_2-neutral, also ohne negative Folgen für das Klima!

Wir stehen vor immer schwierigeren Herausforderungen. Die Gaskrisen haben uns gezeigt, wie schwach die Position der EU als Energieimporteur ist. Wir importieren mehr als die Hälfte unserer Energie und haben einen Markt mit mehr als einer halben Milliarde Verbraucher, und gerade deshalb müssen wir unser geopolitisches Gewicht stärker in die Waagschale werfen und gemeinsam handeln.

Eine wichtige Voraussetzung für die Fortsetzung der Erfolgsgeschichte des Erdgases ist seine Verlässlichkeit. Die russisch-ukrainische Gaskrise Anfang 2009 hat gezeigt, wie schnell durch eine Lieferunterbrechung ernste Probleme von regionaler Tragweite entstehen können. Die EU hat mit einer Verordnung zur Erdgasversorgungssicherheit reagiert und alle für den Binnenmarkt erforderlichen Maßnahmen getroffen, damit im Falle einer Krise sofort effiziente Mechanismen greifen. Gleichzeitig muss dafür gesorgt werden, dass unsere Produzenten sich gleichermaßen den höchsten Standards in Sachen Zuverlässigkeit stellen. Da Erdgas in immer größeren Teilen außerhalb der EU gefördert und dann per Leitung oder per Schiff erst nach Europa transportiert wird, ist die Verlässlichkeit der Produzenten von allergrößter Bedeutung. Hier befindet sich die EU im Dialog mit den Erzeuger- und Transitländern und verfolgt das Ziel, die Quellen zu diversifizieren und die Sicherheit der Versorgung Europas mit Erdgas weiter zu verbessern.

Die Versorgungssicherheit ist nicht zuletzt wegen der Gaskrisen im Winter der Jahre 2005 und 2009 zu einem beherrschenden Thema im Gassektor geworden. Insbesondere die osteuropäischen Länder sind in hohem Maße von Erdgaseinfuhren abhängig, die oft ausschließlich aus Russland und in manchen Fällen über eine einzige Pipeline zu ihnen gelangen. Hier kann die EU helfen, indem sie Verbindungen zwischen den Mitgliedstaaten schafft, die auch der weiteren Marktintegration dienlich sind. Wichtig ist auch eine größere Energie-Solidarität zwischen den Mitgliedstaaten.

Für den Ernstfall hat die EU nun die erwähnte Verordnung über die Versorgungssicherheit mit Gas erlassen. Die neue Verordnung überträgt der Gasindustrie große Verantwortung, was die Sicherung unserer Versorgung mit Erdgas angeht. Ferner sollen durch gemeinsame Standards gleiche Ausgangsbedingungen für alle geschaffen werden.

Gleichzeitig wandeln sich jedoch die energiepolitischen Herausforderungen. Der Verbrauch in der EU wird weniger steigen, weil die Maßnahmen der EU zur Steigerung der Effizienz und zur Reduzierung der CO_2-Emissionen langsam greifen. Die Internationale Energieagentur IEA etwa geht davon aus, dass die Nachfrage in den reichen EU-Ländern in den nächsten zwanzig Jahren lediglich um 0,8% pro Jahr zunimmt gegenüber 1,5% weltweit.

Gleichzeitig steigt die Verfügbarkeit von Gas durch die Erschließung neuer Quellen rasant an. Für die kommenden Jahre ist mit einem Überfluss an Gas zu rechnen, mit den entsprechenden Auswirkungen auf Preise und Investitionen. Aber zwei Faktoren könnten dieses Bild verändern. Erstens ist es ungewiss, wie ergiebig die Exploration von Schiefergas außerhalb Nordamerikas sein wird. Zweitens ist auch in Bezug auf die Förderung Umsicht geboten. Obwohl die CO_2-Bilanz von Erdgas günstiger ist als jene von Erdöl oder Kohle, sind Bohrungen nach Schiefergas auf Kritik gestoßen, weil Grundwasser verunreinigt und Landschaft zerstört werden könnte.

Auch diese neuen Herausforderungen sind im Auge zu behalten. In den letzten Jahren hat Europa eine neue Richtung eingeschlagen. Dieser Weg muss jetzt konsequent weitergegangen werden, wenn wir unsere Energie- und Klimaschutzziele erreichen und nachhaltigen Wohlstand für die Bürger in Europa sichern wollen.

Ich bin überzeugt, dass diese Veröffentlichung die vielfältigen Aspekte der Gaswirtschaft beleuchten wird. Und mit einer besseren Kenntnis des Gassektors wird, so hoffe ich, auch das Verständnis der neuen europäisierten Energiepolitik gefördert.

Einmaleins der Gasbegriffe

Volumen, Druck und Brennwert

Chemisch gesehen ist Gas neben „fest" und „flüssig" zunächst ein Aggregatszustand. Durch Zuführung von Wärme können diese „Zustände" geändert werden. Ein Beispiel: Durch Zuführung von etwas Wärme wird Eis flüssig, mehr Wärme führt zu Verdampfen des Wassers. Es geht auch andersherum: Kälte lässt Wasserdampf kondensieren. Gas kann durch Hinzufügen von Druck verflüssigt und flüssiges Gas durch Reduzierung von Druck wieder gasförmig werden.

Bei einem festen Zustand sind die Kräfte zwischen den Molekülen relativ groß, bei Gas sind sie gering. Die für die Verbrennung geeigneten Gase bestehen meist aus Kohlenwasserstoffen, vereinfacht gesagt dem gleichen Grundstoff unseres Erdöls. Das für Heizung, Kraftwerke und Verkehr verwendete Gas ist meist ein Naturgas, das als Erdgas oder Erdölgas gefördert und über Pipelines – ähnlich wie Wasser – zum Verbraucher transportiert wird.

Um Gas zu transportieren, muss in einer Leitung immer Druck aufgebaut werden. Dies erfolgt in der Regel durch so genannte Verdichterstationen, die wie „große Luftpumpen" an das Gasnetz angeschlossen sind.

In Ferngasleitungen, den „Autobahnen", beträgt der Druck bis zu 100 bar, wobei ein bar etwa ein $1kg/cm^2$ beträgt. Zum Vergleich: Autoreifen stehen etwa unter einem Druck von 2 bar. Auf den regionalen Transportleitungen beträgt der Druck zwischen 1 und 70 bar, vor Ort beim Kunden, also an der Heizung oder am Gasherd, herrscht noch etwa ein bar Druck.

Wie viel Gas durch die Leitungen fließt und wie viel Gas verbraucht wird, bestimmt sich nach dem Volumen, das in Kubikmetern (m^3) gemessen wird. Ein Kubikmeter ist das Volumen eines großen Würfels von 1x1x1 Meter. Zum Vergleich: Eine Campinggasflasche von 11kg hat ein Gasvolumen von etwa 5,5 m^3, in dem historischen Gasometer in Oberhausen konnten 347.000 m^3 gespeichert werden und große Gasvorkommen enthalten meist mehrere Milliarden Kubikmeter. Der durchschnittliche Gasverbrauch eines Haushalts für Heizung beträgt pro Jahr und Quadratmeter etwa 14 m^3.

Wenngleich das Gasvolumen in Kubikmetern (m^3) gemessen wird, erfolgt die Abrechnung des Verbrauchs in Kilowattsunden (kWh), der so genannten „Arbeit". Warum eigentlich? Je nach Zusammensetzung des Gases differiert dessen Energiedichte oder dessen Energiegehalt. Die Energiedichte bestimmt wiederum den „Heiz- oder Brennwert", also die Energie, welche bei vollständiger Verbrennung frei werden kann. Die Abrechnung nach kWh ist also genauer, denn man bezahlt nur die tatsächliche Energie, die „Arbeit", welche in dem jeweiligen Kubikmeter Gas steckt.

Um zu ermitteln, wie viel Kilowattstunden in einem Kubikmeter Gas enthalten sind, wird ein Umrechnungsfaktor herangezogen. Aufgrund verschiedener Wirkungsgrade im Vergleich zum Strom beträgt der Umrechnungsfaktor „Gas-Strom" etwa 1,35. Um einen Föhn mit 1000 Watt eine Stunde lang elektrisch zu betreiben, benötigt man eine Kilowattstunde. Bei Betreiben des Föhns mit Gas würde man für die gleiche Heizleistung 1,35 kWh benötigen. Dieser Wert sagt natürlich nichts über die gesamte Energiebilanz aus, da der Strom erst hergestellt werden muss und hierbei wieder Verluste auftreten.

Um zu ermitteln, wie viel Gas bei einem Verbraucher überhaupt ankommen kann, ist die Anschlussleistung eine weitere wichtige Größe, die in Kilowatt (kW) gemessen wird. Die Anschlussleistung bestimmt sich nach der erforderlichen Kapazität, z.B. der Leistung der Gasheizung. Wie bei einem Fahrzeug wird hier in kW angegeben, wie viel Leistung abgegeben werden kann – das Einstellen der Heizung auf höchste Raumtemperatur entspricht dabei „Vollgas" bei einem Fahrzeug. Die Anschlussleistung einer durchschnittlichen Heizung für ein Haus beträgt etwa 8-15 kW.

Die wichtigsten Begriffe im Überblick

Druck   gemessen in bar. Ein bar=1kg/cm^2
Leistung   Watt
Arbeit   Wattstunde
Volumen   Kubikmeter (m^3)

Im Gasbereich kommt man mit den üblichen Bezeichnungen anhand der Größenordnungen nicht mehr aus. Daher muss die Skala erweitert werden.

kW	Kilowatt	1000 Watt (ca. 1,36 PS)
MW	Megawatt	1000 Kilowatt
kWh	Kilowattstunde	Gasverbrauchseinheit in einer Stunde
MWh	Megawattstunde	1000 Kilowattstunden

Kleine Gasgeschichte

Thomas Kästner, Andreas Kießling

„Wo kommt Erdgas her? Warum ist es im Boden? Riecht es? Kann man es herstellen? Wer hat es gemacht? Ist es blau?" sind Fragen, die Kinder sofort stellen, wenn man versucht zu erklären, wo die Flamme des Gasherdes herkommt und wie sie entsteht.

Kochen und heizen mit Dinosauriern

Das Erdgas, das heute zum Heizen und Kochen verwendet wird, ist – genau wie Kohle oder Öl – nichts anderes als uralte Biomasse. Wissenschaftler sagen, dass die Entstehung von Erdgas vor etwa 300 Millionen Jahren begann, als Kleinstlebewesen, Algen, Plankton und Pflanzen auf den Meeresgrund der damaligen Meere gesunken sind und dann von Gesteinsschichten überlagert wurden. Die Regionen, in denen das „Ausgangsmaterial" überdurchschnittlich hoch vertreten war, also frühere Urwälder, Sümpfe, Küstenstreifen, Flussläufe, Seen und Binnenmeere bilden die heutigen Lagerstätten für fossile Brennstoffe.

Normalerweise verwest organisches Material an der Luft und zersetzt sich in Kohlendioxid und Wasser. Die Entstehung fossiler Brennstoffe erfolgt also ohne Sauerstoff, beispielsweise in großer Wassertiefe oder in Gegenden ohne Meeresströmungen. In einem solchen Milieu entsteht Faulschlamm, der neben dem uns bekannten CO_2 auch andere Gase wie z.B. Schwefelwasserstoff enthält. Im Laufe der Zeit wurden zusätzlich in diese Faulschlammgebiete Gesteine und Sedimente gespült, die aufgrund ihrer großen Masse zu großem Druck und weiterer Absenkung führten. Unter hohem Druck, ohne Sauerstoff und der natürlichen Erdwärme von 65 bis 120 Grad in 2000-4000 Metern Tiefe wurde ein chemischer Prozess in Gang gesetzt, der organisches Material in Kohlenwasserstoffe umgewandelt hat. Dieser Prozess dauerte Millionen Jahre. Die Temperatur bestimmt dabei maßgeblich, ob Kohle, Erdöl oder Erdgas entsteht, wobei für Erdgasbildung höhere Temperaturen erforderlich sind.

Ist das unter dem organischen Material liegende Gestein porös, wie beispielsweise Kalk oder Sandstein, lagert sich das Erdgas in diesen Strukturen ein. Das sogenannte Speichergestein ist zur Gasfalle geworden: Wie Wasser in einem Schwamm wandert das Erdgas in das Lückensystem der Gesteinsporen ein und verteilt sich. Damit ist eine Erdgaslagerstätte entstanden, in der Erdgas unter einem Druck von 100 bis 500 bar eingeschlossen ist.

Auf dem gleichen Weg ist übrigens auch Erdöl entstanden, weshalb Ölfelder meist auch Erdgas enthalten – und umgekehrt. Im übertragenen Sinn kann man also sagen, dass Erdgas und Erdöl sehr alte Biomasse ist, in der Energie gespeichert ist, welche die Sonne vor Millionen Jahren abgegeben hat. Der Vorgang geht auch heute weiter – noch immer entsteht auf gleichem Weg Erdgas und Erdöl, die allerdings wiederum erst nach einigen Millionen Jahren nutzbar sein dürften. Da alle Experten davon ausgehen, dass in den nächsten Jahrzehnten die Ressourcen, deren Abbau sich wirtschaftlich lohnt, aufgebraucht sind, forschen Wissenschaftler fieberhaft, den Umwandlungsprozess zu beschleunigen und Biomasse in Erdöl oder Erdgas umzuwandeln. Derzeit werden die Bemühungen für die Gewinnung von neuen Kraftstoffen neudeutsch unter den Begriffen „Biomass to liquid" oder „Sunfuel" zusammengefasst, allerdings muss bisher aber noch immense Energie in das Syntheseverfahren gesteckt werden, wodurch die Energiebilanz der umgewandelten Biomasse noch nicht besonders gut ausfällt. Besser ist diese Bilanz bei der Biogasherstellung, allerdings ist das Verfahren völlig anders als bei der Erdgasentstehung: Hier erfolgt eine Vergärung der Biomasse mittels Sauerstoff und ohne Druck.

Erdgas – Wer hat's erfunden?

Lange bevor Erdgas als „Erdgas" bezeichnet wurde, kam es ohne aufwendige Verfahren an die Erdoberfläche. Im Iran beispielsweise existierten vor Jahrtausenden entzündete Gasquellen, denen sakrale Bedeutung zugemessen wurde. China hat vor einigen hunderten Jahren mit der „kommerziellen" Nutzung begonnen, indem Erdgas zum Salztrocknen verwendet wurde, und dort kamen auch die ersten „Pipelines" in Form von Bambusrohren zum Einsatz.

In der westlichen Welt und in Europa dauerte die „Entdeckung" und Nutzbarmachung etwas länger. Zufall war in den USA im Spiel, als 1821 im Staat New York in der Nähe von Fredonia eine Erdgaslagerstätte gefunden wurde. Die als Folge dieses Fundes gegründete Gesellschaft Fredonia Gaslight & Waterworks Co. war die erste Gashandels-gesellschaft, die Gas durch Rohre in die Häuser und Straßen der Um-gebung leitete. Etwa zwanzig Jahre länger dauerte es in Europa, bis ebenfalls durch Zufall Erdgas in der Gegend des heutigen Wiener Ost-bahnhofs gefunden wurde. Die Deutschen kamen zu ihrem Gasglück erst 1910 durch eine Wasserbohrung in der Nähe von Hamburg.

Bis vor einigen Jahrzehnten galt Erdgas oftmals auch als überflüs-siges Beiprodukt, das bei der Erdölförderung anfiel und in die Atmo-sphäre entwich oder einfach abgefackelt wurde. Früher sprach man daher nicht von „Erdgas", sondern „Erdölgas". Mit steigendem Rohöl-preis, der Energiekrise der 70er Jahre und verbesserten Explorations-techniken wurde Erdgas für die kommerzielle Nutzung zunehmend interessant.

Heute wird Erdgas – anders als früher – mehr zum Heizen und zur Stromerzeugung und weniger zu Beleuchtungszwecken verwendet. Der Transportsektor gewinnt zunehmend an Bedeutung, womit sich der Kreis der Nutzung insofern schließt, als dass der uns bekannte Otto- oder Benzinmotor ursprünglich aus einem Gasmotor entwickelt wurde. Und dieser wird heute übrigens wieder in einigen Fahrzeugen angepasst, damit ein „normaler" Benzinmotor auch Gas verbrennen kann.

Gutes und schlechtes, nasses und trockenes Gas

Unter Erdgas versteht man alle gasförmigen und brennbaren Koh-lenwasserstoffverbindungen, die in Zusammensetzung und Qualität stark unterschiedlich sein können. Hauptbestandteil des Erdgases ist mit 80-94% Methan (ein Kohlenstoff- und vier Wasserstoffato-me), der Rest kann sich aus Kohlendioxid, Stickstoff oder Schwe-felwasserstoff zusammensetzen. Je weniger Methan das Erdgas enthält, desto niedriger ist der sogenannte Brenn- oder Heizwert des Gases.

Erdgas kommt in Verbindung mit Erdöl als „nasses Gas" vor, in zumeist reinen Erdgaslagerstätten wird es als „trockenes Gas" be-zeichnet, weil es nahezu reines Methan enthält. Neudeutsch wird nasses Gas auch als „associated gas", trockenes Gas als „non-asso-ciated gas" bezeichnet.

10 Minuten Förderung: Wie kommt das Gas in die Pipeline?

Gerrit Riemer

Erschließung und Gewinnung von Erdgas

Wenn Erdgas nicht wie in sehr seltenen Fällen an der Erdoberfläche austritt, muss gebohrt und gebuddelt werden. Doch wo? Vor einer Förderung müssen Wissenschaftler erst mal eine Lagerstätte finden, die sich für eine Förderung eignet. Das ist nichts anderes als die Suche nach der Stecknadel weit unter dem Heuhaufen.

Schritt 1: Wo ist es und wie viel kostet es?

Zur Ermittlung der Lagerstätten ist die Kenntnis über die Geologie des vermuteten Gasvorkommens entscheidend, denn nur, wenn die Voraussetzungen für die Entstehung von Erdgas und auch entsprechendes „Speichergestein" vorhanden ist, wird man fündig. Oftmals wird ein erster Eindruck über Satelliten oder Luftbildaufnahmen gewonnen, der dann zu einer genaueren Untersuchung auf und unter der Erde führen kann. Wie wird die Erde eigentlich untersucht? Bekannte Verfahren sind die Magnetonomie (Veränderung des Magnetfeldes unter der Erde) und Gravimetrie (Messung der Veränderung des Schwerfeldes der Erde aufgrund der unterschiedlichen Dichte der Gesteine), die mit relativ wenig Aufwand erste Erkenntnisse liefern. Wenn es Hoffnung gibt, rückt schweres Gerät an. Durch Erkenntnisse der Erdbebenforschung hat man gelernt, dass durch Fallenlassen von Gewichten, künstlich ausgelösten Detonationen oder „Rüttelfahrzeugen" künstliche kleine Erdbeben ausgelöst werden können, die Aufschluss über die Gesteinsformationen unter der Erde liefern. Die Grenzen zwischen verschiedenen Gesteinsschichten reflektieren nämlich auffallend deutlicher die Schall- und Druckwellen als die Gesteinsschichten selbst. Laufzeit und Stärke der Wellen werden mit sehr empfindlichen Mikrofonen aufgenommen, die in elektrische Signale umgewandelt und im Computer bearbeitet werden. Inzwischen ist sogar die 3-D-Seismik möglich.

Zum Vergleich: Wie bei einem Stein, den man ins Wasser wirft, werden Wellen erzeugt, die sich auf eine berechenbare Weise ausbreiten. Werden sie durch ein Hindernis wie z.B. durch eine Insel abgelenkt oder reflektiert, ist dies deutlich an der Wellenbildung im Wasser sichtbar. Man kann aber auch lediglich mittels der Berechnungslogik solche Inseln erkennen, wo sie sich befinden und wie groß sie sind. Ähnlich ist es bei der Gassuche, wo „Inseln" Erdgaslagerstätten darstellen und große Freude auslösen.

Vor einer kommerziellen Ausnutzung muss eine potentielle Lagerstätte noch genauer untersucht werden, hinsichtlich ihrer Größe, Reichweite, Qualität und nicht zuletzt der technischen Möglichkeiten der Erschließung. Dann muss geklärt werden, ob eine wirtschaftliche Förderung über einen längeren Zeitraum überhaupt möglich ist. Und nicht zuletzt sind neben technischen Fragen auch oftmals Politiker, Juristen und teilweise auch Militärs eingebunden, da Erdgas- und Erdölfelder sich relativ wenig um die von Menschen gezogenen Grenzen scheren. Liegt eine große Lagerstätte zu einem großen Teil unter dem Territorium eines Landes und nur zu einem geringen Teil unter dem Territorium eines anderen Landes, sind Probleme vorprogrammiert.

Haben die Voruntersuchungen das gewünschte Ergebnis gebracht, und sind alle rechtlichen, politischen, vertraglichen und sonstigen Angelegenheiten mit den Staaten und Landeigentümern geklärt, schlägt die große Stunde der Techniker: Die erste Erkundungsbohrung steht an, mit der die Versprechen des Computers und der Theorie in der Praxis bestätigt werden sollen.

Geschichte des Tiefbohrens

Das Verfahren der Tiefenbohrtechnik ist keineswegs neu: Konfuzius berichtet, dass bereits 600 v.Chr. in China Bohrungen auf Salzsole bis in etwa 500 Meter Tiefe mit schlagenden Bohreinrichtungen erfolgten. Zwischen dem 19. und 20. Jahrhundert waren die Europäer führend in der Technik, hauptsächlich mit Blick auf Erschließung von unterirdischen Kohle-, Kali- und Steinsalzvorkommen. In den USA wurde Ende des 19. Jahrhunderts das sog. Rotary-Bohren entwickelt, das sich zum Standardbohrverfahren bei Erkundungsbohrungen entwickelte: Dabei handelt es sich um ein Verfahren, bei dem ein Hohlgestänge in den Boden getrieben wird – ähnlich wie bei manchen Korkenziehern. Inzwischen sind Erkundungsbohrungen technisch bis in Tiefen von über 10.000 m möglich.

Da der Bohrer immer wieder auf Hindernisse stößt, die ihn aus der Senkrechten ablenken, entstehen auch manchmal „krumme" Bohrlöcher. Diese Erfahrung haben die Techniker genutzt, um gezielt schräg zu bohren bzw. mehrere Ziele unter der Erdoberfläche von einer oberirdischen Stelle aus zu treffen. Inzwischen ist die Technologie so weit fortgeschritten, dass sogar gezielte Horizontalbohrungen möglich sind. Ohne diesen technischen Fortschritt wäre die Erschließung der unkonventionellen Lagerstätten nicht möglich gewesen.

Schritt 2: Bohren in die Erde

Nach Abschluss der Erkundungsbohrungen und vielversprechendem Ausgang, also dem tatsächlichen Finden von Erdgas, finden dann die Produktionsbohrungen statt, mit denen das Erdgas aus der nun bekannten Lagerstätte gefördert werden soll. Bei Bohrungen an Land wird zunächst ein Standrohr von etwas weniger als einem Meter Durchmesser in den Boden gerammt, das 30 bis 40 Meter lang ist. Dies ist auch die Höhe eines klassischen Erdgasbohrturms, da immer entsprechend vertikal „nachgelegt" werden kann. Ist das Standrohr in der Erde, wird das Nachrutschen weicher Oberflächenschichten verhindert und Bohrgut kann herausgespült werden. Dann beginnt der eigentliche Bohrvorgang: Ein Meißel wird an einem Bohrgestänge rotierend von der Bohranlage aus in die Erde getrieben. Diesen kann man sich wie einen Bohrhammer einer normalen Heimwerkermaschine vorstellen, mit dem Unterschied, dass an den Meißel ein Bohrgestänge angeschraubt werden kann, da sonst die Bohrung ziemlich schnell und ziemlich flach bei besagten vierzig Metern beendet wäre. Mit dem Verlängerungsverfahren kann der Meißel kilometerweit ins Erdinnere gelangen. Da der Bohrer sehr heiß wird, wird der Meißel dauernd mit einer Flüssigkeit umspült, die ihn abkühlt und gleichzeitig das zertrümmerte Material, das so genannte Bohrklein, nach oben transportiert.

Sind im Bohrklein Spuren von Erdgas enthalten, werden aufwendigere Untersuchungen durchgeführt. Führen diese zum Ergebnis, dass es sich um wirtschaftlich und technisch verwertbares Gas handelt, wird die Bohrstrecke von oben nach unten durch Einführung von Rohren und Zement abgedichtet. Dies nennt sich „Dichtungsmantel". Der Dichtungsmantel wird anschließend gezielt angebohrt und perforiert, um das Gas zu fördern. Das Bohrloch wird mit einem sog. „Eruptionskreuz " abgeschlossen, bei dem ähnlich wie beim Wasserhahn durch Auf- und Zudrehen das Gas gefördert werden kann.

80000 Meilen unter dem Meer
Natürlich befinden sich auch große Erdgasvorkommen auf dem Grund der Weltmeere. Im Prinzip verläuft die Förderung wie an Land, außer, dass die Gegebenheiten bei Wind und bis zu 20 Meter hohen Wellen natürlich deutlich komplizierter sind. Hierfür wurden verschiedene Typen von Bohrinseln entwickelt, die alle jedes Ingenieursherz höher schlagen lassen:

Der „Sinker": Im Wattenmeer werden Bohr- und Förderinseln eingesetzt, die mit einem flutbaren Traggerüst ausgestattet sind und für Wassertiefen bis 60 m genutzt werden können. Die Inseln werden also kontrolliert auf Grund gesetzt.

Der „Storch" : Bis 100 m Wassertiefe werden Bohrhubinseln genutzt, die mit Schleppern zu den Bohrungsorten gebracht werden. Sie haben elektrisch absenkbare Stützbeine, die fest im Meeresboden verankert werden. Die Plattform wird 15 bis 20 Meter über der Wasseroberfläche installiert.

Der „Halbtaucher": Für größere Tiefen bis 1000 Meter werden Halbtaucher eingesetzt, die zu den Einsatzorten geschleppt und dort mit schweren Ankern schwimmend in Position gehalten werden. Sie haben keine Stützbeine, sondern flutbare Schwimmpontons, die dafür sorgen, dass der Schwerpunkt der Plattform weit unterhalb der Meeresoberfläche liegt und daher Sturm und hohen Wellen keine Angriffsfläche bietet. Die Größe und Kosten derartiger Inseln sind besonders hoch: Die norwegische Statfjord Plattform ist vom Meeresboden bis zur Bohrturmspitze 290 Meter hoch, hat einen Wohntrakt mit 8 Stockwerken für fast 300 Personen und verschlang Errichtungskosten von 2 Mrd. €. Für das Trollfeld in Norwegen wurden Bohrplattformen errichtet, die vom Meeresboden bis zur Produktionsplattform 470 Meter messen – also fast dreimal so hoch wie der Kölner Dom.

Die Schwimmer: Die neueste Entwicklung sind Bohrschiffe, die bis zu einer Wassertiefe von über 4000 Meter eingesetzt werden können. Die Schiffe werden durch computergestützte Messverfahren und rundum angeordnete Schiffsantriebe auf Position gehalten. Bohren in diesen Tiefen ist wegen des hohen Drucks besonders herausfordernd und nach dem Desaster im Golf von Mexiko starker öffentlicher und politischer Kritik ausgesetzt.

Mein Erdgas, Dein Erdgas?

Erdgas wird als Primärenergie bezeichnet, ebenso wie Öl, Kohle, Kernenergie und die Erneuerbaren Energien. Erdgas ist ebenso wie Erdöl weltweit sehr ungleich verteilt. Die größten Vorkommen liegen in einer sogenannten „strategischen Ellipse", die vom Nahen/Mittleren Osten bis nach Russland reicht. Der Begriff der strategischen Ellipse wurde gewählt, um die politisch instabilen Regionen der Welt zu bezeichnen, in denen das Erdgas hauptsächlich vorkommt. Innerhalb dieser Ellipse befinden sich ca. 70% der Welterdölreserven und ca. 65% der Welterdgasreserven. Russland weist mit ca. 44.380 Mrd. m^3 Gasreserven mit Abstand die größten Vorkommen auf, gefolgt vom Iran mit 29.610 Mrd. m^3 und Katar mit ca. 25.370 Mrd. m^3. Europa hingegen besitzt mit ca. 5.900 Mrd. m^3 sogar geringere Vorkommen als Nordafrika mit 7.800 Mrd. m^3, die Kaspische Region (9.100 Mrd. m^3) und nur wenig mehr Gas als Nigeria (5.250. Mrd. m^3).

Das zeigt aber auch gleichzeitig, dass die bereits bestehende Abhängigkeit Europas von anderen Weltregionen deutlich zunehmen wird, weil es in Europa „nicht mehr viel zu holen gibt". Die ersten britischen Nordseegasfelder sind bereits erschöpft und auch die deutsche Produktion, vorwiegend in Niedersachsen, neigt sich ihrem Ende zu. Das Ende eines Erdgasvorkommens wird meist dann sichtbar, wenn der Druck nachlässt. Ein Vorkommen kann man sich wie eine große Luftmatratze vorstellen, bei der der Stöpsel gezogen wird: Am Anfang strömt die Luft durch den Druck sehr stark aus, ist die Matratze fast leer, muss man Energie aufbringen, um den letzten Rest herauszubekommen. Erdgasfelder kann man zwar nicht rollen, aber durch andere Verfahren „auf Druck halten", so dass das letzte Gasatom den Weg nach draußen findet.

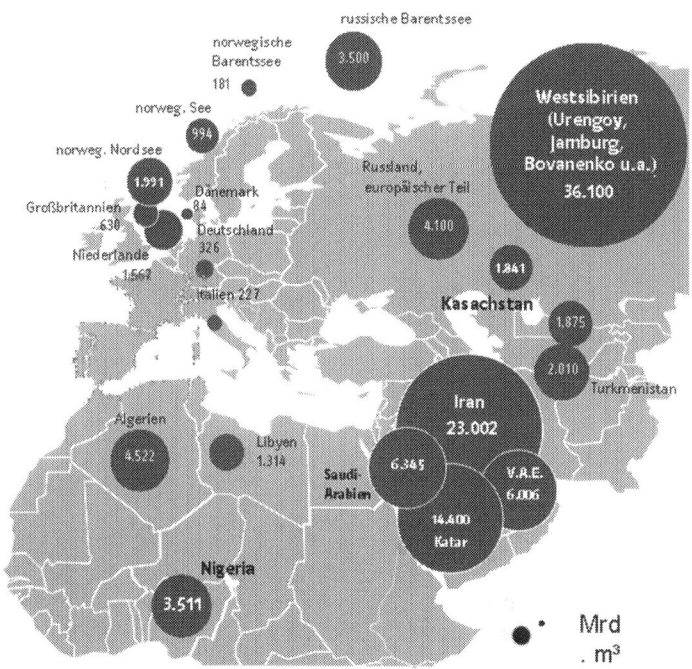

Quelle: Quelle für Erdgasreserven: Oil and Gas Journal, Norwegian Petroleum Directorate, Fachveröffentlichungen.

Herausfordernd ist auch, dass es sich bei den meisten Erdgasproduzenten um staatliche Unternehmen handelt, so dass über Förderung aber auch über Kauf, Export und Verkauf von Gas nicht selten mit Ministerien bzw. Regierungen verhandelt werden muss. Nicht zuletzt macht der Verkaufserlös oft einen erheblichen Teil der Staatsfinanzen aus und wird daher von der Politik mit Argusaugen verfolgt.

Eine zunehmende Konzentration der Produzenten ist ebenfalls zu erkennen: 2009 wurde prognostiziert, dass die sog. „Big 6" der Produzenten rund 70% der im Jahr 2010 in der EU 27 benötigten Erdgasmenge produzieren würden. Dabei entfällt der Löwenanteil von 148 Mrd. m^3 auf die russische Gazprom, gefolgt von der norwegischen StatoilHydro mit 83 Mrd. m^3 und der ebenfalls staatlichen algerischen Sonatrach mit 61 Mrd. m^3. Dann folgen die ersten privaten Unternehmen (Exxon Mobil: 37 Mrd. m³, Shell: 34 Mrd. m³). Als sechstes Unternehmen zählt Qatar Gas mit einem Fördervolumen von 24 Mrd. m³ zu den „Big 6".

Aufgrund einer unterstellten zunehmenden weltweiten Nachfrage nach Erdgas wird der Wettbewerb um die zur Verfügung gestellten Mengen deutlich zunehmen. Europa und insbesondere Deutschland haben einen großen Vorteil gegenüber anderen Regionen der Welt: die günstige räumliche Lage und damit kurze Transportwege zu den Hauptvorkommen. Die großen Vorkommen Russlands liegen „nur" ca. 4000-6000 km von Deutschland entfernt, der Nahe Osten ca. 6.000 km, Norwegen zwischen 1.500 und 2000 km, aber auch Nordafrika ist vergleichsweise vor der europäischen Haustür. In einer Entfernung zwischen 4.000 und 6000 km war es in der Vergangenheit wirtschaftlich, Erdgas anstelle von Gastankern durch Pipelines zu transportieren. Diese Relation dürfte sich durch das zurzeit sehr günstige vollflüssige Gas (LNG) deutlich verschoben haben. Demnach haben die Produzenten, die an zahlreichen großen Transportpipelines beteiligt sind, damit auch ein großes Interesse, dass ihre Leitungen auch mit Gas gefüllt werden.

Das H und L des Gases sind das A und O

Als Naturprodukt kann Gas nicht homogen sein. Es kommt aus den unterschiedlichsten Regionen der Welt, befindet sich in unterschiedlichen Lagerstätten und liegt in unterschiedlicher Konsistenz vor. Dies wird an den verschiedenen Gasqualitäten deutlich. Allein in Deutschland kommt Gas in fünf unterschiedlichen Beschaffenheiten zum Einsatz: Grob wird zwischen hoch oder high und nieder oder low kalorischem Erdgas unterschieden (H oder L): damit werden unterschiedlich hohe Kohlenwasserstoff – bzw. Methankonzentrationen beschrieben.

Innerhalb der H-Gasgruppe, das einen höheren Anteil an Methan und damit auch einen höheren Brennwert aufweist, gibt es drei unterschiedliche Konsistenzen: Russisches Gas enthält ca. 98% Methan, das norwegische ca. 89% und das Nordseegas aus der britischen und deutschen Nordsee ca. 85%. Innerhalb der L-Gas-Gruppe wird zwischen niederländischem Gas (83% Methan) und einheimischem Gas (Verbund) mit 85% Methan unterschieden.

Zwischen H- und L-Gas gibt es aufgrund der stark unterschiedlichen Beschaffenheit keinen Austausch, so dass die Gasbrenner innerhalb der Versorgungsgebiete in Deutschland auf eine bestimmte Gasbeschaffenheit eingestellt sind.

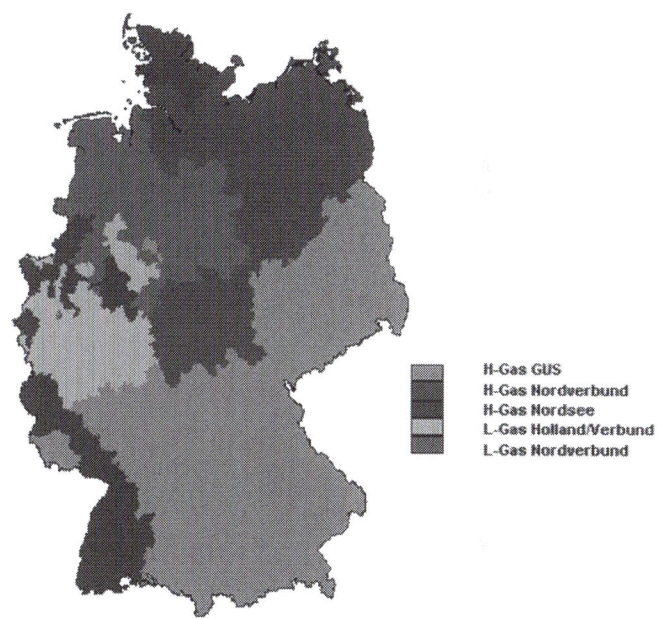

H-Gas GUS
H-Gas Nordverbund
H-Gas Nordsee
L-Gas Holland/Verbund
L-Gas Nordverbund

Kunde, nimm oder zahl!

Die Verträge zwischen Produzenten und Importeuren von Erdgas laufen normalerweise sehr lange. So haben z.B. deutsche Unternehmen im Moment Verträge mit russischen Produzenten abgeschlossen, die bis 2036 laufen. Diese Verträge beinhalten eine sogenannte Take-or-Pay-Klausel (nimm-oder-zahl). Dies bedeutet konkret, dass die Importeure sich dazu verpflichten, langfristig entweder die vertraglich vereinbarte Menge an Gas abzunehmen, oder den Gegenwert zu bezahlen. In anderen Worten: Es besteht eine unbedingte Zahlungsverpflichtung, auch wenn das Gas nicht abgenommen wird. Gleichzeitig unterliegen diese Verträge bisher der sogenannten Ölpreisbindung, doch dazu später mehr.

Es wird argumentiert, dass langfristige Verträge aufgrund der langen Kapitalbindungen für die Produzenten abgeschlossen werden müssen. Die Investitionsentscheidung zur Gasproduktion umfasst in der Regel Kapitalbindungsdauern von 20-50 Jahren. Dabei vergehen häufig für Erkundung und Erschließung 10-25 Jahre und die eigentliche Förderung umfasst noch einmal denselben Zeitraum.

Die Gesamtkosten für die Erschließung von Feldern und den Bau der Transportleitungen zum Festland und zur Weiterleitung umfassen regelmäßig mehrere Milliarden Euro. Bei Öl sind derartige Verträge nicht sehr verbreitet, da zwar die Kosten für die Produktion für die Produzenten ebenfalls anfallen, aber nicht diejenigen für den Bau der Leitungen, um die Märkte zu erschließen und das Gas zu den Kunden zu transportieren. Öl kann jederzeit auf Tankern oder per Bahn abtransportiert und in die unterschiedlichsten Regionen der Welt verteilt werden. Dies ist auch für Gas möglich, allerdings wird für die Abkühlung und Verflüssigung des Gases und die anschließende Regasifizierung eine Menge Energie benötigt.

Bei leitungsgebundenem Gas hingegen findet durch die Take-or-Pay-Verträge eine Risikoaufteilung zwischen Produzenten und Importeuren statt. Die Produzenten tragen das Preisrisiko, die Importeure das Mengenrisiko über die gesamte Vertragslaufzeit. Erfahrungen zeigen, dass die Produzenten erst dann in die Erschließung der Felder und die Förderung investieren, wenn klar ist, dass die erwartete Gasmenge auch abgesetzt wird. Um das Risiko der Importeure zu vermindern, wurden die Klauseln 1:1 an die Abnehmer weitergegeben. Dem hat das Bundeskartellamt teilweise einen Riegel vorgeschoben, ist aber inzwischen zu dem Ergebnis gelangt, dass die Beschränkung aufgrund des zunehmenden Wettbewerbs nicht mehr erforderlich ist: Verträge, die den Bedarf eines Kunden von bis zu 80% decken, dürfen maximal zwei Jahre laufen, bei Volumina zwischen 50% und 80% waren es vier Jahre.

Wie lange reicht unser Gas?
Unter Wissenschaftlern und auch unter Journalisten, Politikern und Experten herrscht oft Streit über die Reichweite von Gas, als magische Zahl werden wiederholt 60 Jahre genannt. Diese Zahl bezieht sich auf die derzeitig mit der bekannten Technik wirtschaftlich sicher gewinnbaren Reserven, also bekannte und wirtschaftlich erreichbare Vor-

kommen. Zählt man Gas hinzu, das derzeit noch nicht technisch oder wirtschaftlich erschließbar, aber durchaus bekannt ist, verlängert sich bezüglich der Gesamtmenge aus Reserven und Ressourcen beim derzeitigen Gasabsatz die Reichweite von Gas auf 130 bis 160 Jahre. Daneben dürfte es noch Gasvorkommen geben, die wir noch nicht kennen.

Dies zeigt, dass Gas zwar endlich ist, aber eine Panik bezüglich des Zeitpunkts nicht angezeigt ist.

Die statische Reichweite bei Gas ist seit den ersten Abschätzungen in den 70er Jahren gestiegen. Vor dreißig Jahren ging man noch davon aus, dass es bereits im Jahr 2010 kein Gas mehr gibt. Neue Funde z.B. in Australien, in der kaspischen Region und in Kanada haben dazu geführt, dass die statische Reichweite seit etwa dem Jahr 2000 wieder jeweils konstant bei 60 Jahren liegt. Eine neue Euphorie hat die Entdeckung von unkonventionellem Gas, z.B. in so genanntem Gasschiefer oder „shale gas" in den USA und Polen ausgelöst – neue Produktionstechniken könnten dazu führen, dass weitere große Reserven wirtschaftlich nutzbar gemacht werden. Inzwischen geht z.B. Shell davon aus, dass aufgrund des unkonventionellen Erdgases die Reichweite auf 250 Jahre angestiegen ist

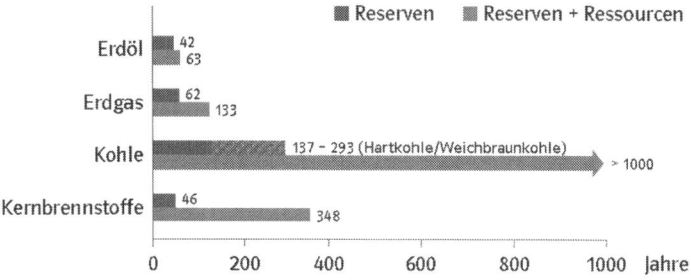

Europa am Tropf

Der Gasmarkt war seit seiner Entstehung eher regional geprägt, was durch die Versorgung mittels Leitungen vorgegeben war. In den vergangenen Jahren hat die zunehmende Bedeutung von LNG (verflüssig-

tes Erdgas) dazu geführt, dass sich zunächst drei Zentren von Marktplätzen mit sehr unterschiedlichen Preisen herausgebildet haben:
Nordamerika, das zunächst Selbstversorger war und dann Mengen aus
Kanada importierte, aber durch die zunehmende Gasnachfrage immer
abhängiger von LNG wurde, Asien (mit dem Schwerpunkt Japan, das
als Insel zu 100% von LNG-Importen abhängig ist) und Europa, wo die
Versorgung der Kunden über Leitungen immer noch den Schwerpunkt
darstellt. Durch den deutlich zunehmenden Bau von LNG-Terminals
wird Europa auch für LNG-Produzenten immer attraktiver. Dies merkt
man zurzeit, wo LNG-Mengen kurzfristig frei werden – sei es aufgrund
der Wirtschaftskrise oder wegen des sinkenden US-Bedarfs durch die
Funde von unkonventionellem Gas in den USA. Die LNG-Mengen finden
dabei zunehmend den Weg nach Europa. Gleichzeitig ist davon auszugehen, dass der Gasverbrauch, wie auch vor der Wirtschafts- und Finanzkrise prognostiziert, weltweit deutlich steigen wird – mit der
Folge eines globalen Wettbewerbs um Erdgas.

Europa weist im Vergleich zu anderen Verbrauchern eine sehr
günstige Lage zu den weltweit größten Vorkommen auf.

Andererseits wird die europäische Eigenproduktion in den nächsten Jahren deutlich sinken – Prognosen gehen davon aus, dass in 2020
nicht mehr 195 Mrd. m^3 in Europa gefördert werden, wie im Jahr 2006,
sondern nur noch rund 100 Mrd. m^3. In anderen Worten ausgedrückt
bedeutet dies, dass Europa zusätzliche Gasmengen benötigt, die in
etwa dem derzeitigen Jahresverbrauch in Deutschland entsprechen.
Unterstellt man dann noch das von der europäischen Kommission in
den letzten Jahren prognostizierte Nachfragewachstum bei Gas um
weitere 100 Mrd. m^3 (die Kommission hat diese Zahl vor dem Hintergrund der Wirtschafts- und Finanzkrise 2009 inzwischen nach unten
korrigiert), wird deutlich, dass die europäische Gaswirtschaft in den
nächsten Jahren erheblich in neue Bezugsquellen, Produktion (ein-
schließlich der Produktionstätigkeit) und in die Infrastruktur investieren muss, um den stark steigenden Importbedarf decken zu können.
Die Importabhängigkeit Europas wird voraussichtlich im Jahr 2020 bei
über 80% liegen, im Vergleich zu 59% im Jahr 2006. Zählt man Norwegen zur EU 27, lag die Abhängigkeit 2007 bei nur 47% (Russland 26%,
Algerien 11% und Sonstige, wie Ägypten, Iran, Katar, Libyen, Nigeria,
Oman, Trinidad & Tobago sowie die Vereinigten Arabischen Emirate
10%). Es zeigt sich, dass Europa heute noch nicht völlig von großen

Lieferanten abhängig ist, deren Anteile aber steigen. Versorger müssen daher weiterhin auf eine starke Diversifizierung setzen.

Die Abhängigkeiten von einem Lieferland sind natürlich in Europa sehr unterschiedlich verteilt: Während gerade westeuropäische Staaten wie Frankreich, Deutschland, Italien oder Spanien Erdgas aus zahlreichen Quellen beziehen, sind Staaten wie Finnland, die baltischen Staaten und die Slowakei durch ihre Leitungsverbindungen zu 100% abhängig von russischen Lieferungen. Ebenfalls starke Abhängigkeiten in dieser Richtung weisen Bulgarien (94%), Tschechien (73%), Griechenland (74%) und die Türkei (62%) auf.

Deutschland ist mit derzeit sechs Lieferländern bereits vergleichsweise gut aufgestellt: Insgesamt stammen also 2/3 des in Deutschland verbrauchten Gases aus sicheren westeuropäischen Quellen. Allerdings wird sich dies in Zukunft ändern, da insbesondere die Lieferungen aus den Niederlanden und UK wegfallen und die deutsche Förderung ebenfalls deutlich zurückgehen wird.

Erdgasbezugsquellen 2009

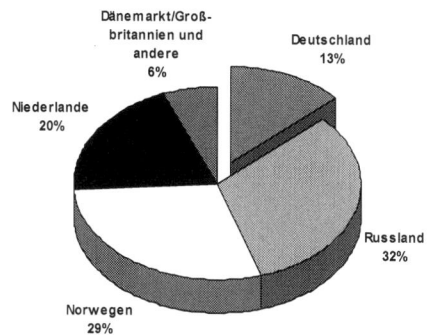

Deutsche Versorgung

Neben den eigenen Quellen in Deutschland, die sich hauptsächlich in Niedersachsen befinden (über 90% der deutschen Vorkommen) und seit Ende der 1960er Jahre gefördert werden, setzte die Gasversorgung in Deutschland zunächst auf niederländische Quellen und Lieferungen. Nachdem die große Gaslagerstätte in Groningen (Niederländische Nordsee) im Jahr 1959/60 gefunden worden war und die ersten Bohrungen 1961 stattfanden, lieferte der niederländische Konzern Gasunie bereits 1963 Gas nach Deutschland. Für 10 Jahre war Deutschland neben den eigenen Vorkommen zu 100% abhängig von einem Lieferanten, so dass die Preise quasi aus den Niederlanden bestimmt wurden. Im Zuge der ersten Ölkrise zu Beginn der 70er Jahre suchte man nach Alternativen zu Öl aber auch zu der Abhängigkeit von den Niederlanden und fand diese – gegen den Willen der USA – in der Sowjetunion. Der Deal war einfach: Rohre gegen Gas. Dieses Röhrengeschäft sollte die Entspannungspolitik von Kanzler Willy Brandt unterstützen, der langfristige Handelsverträge als Mittel der Zusammenarbeit mit dem Ostblock erkannt hatte. 1973 floss das erste russische Gas nach Deutschland (vgl. auch Kapitel 10 Minuten Energieaußenpolitik).

Die Erdgaslieferungen von Norwegen nach Emden begannen im Jahr 1977, zunächst aus dem Ekofisk-Gebiet, das etwa 440 km von der deutschen Küste entfernt in der Nordsee liegt. Weitere Felder wie Statfjord, Heimdal und Gullfaks folgten und sind heute teilweise bereits erschöpft. In den frühen 80er Jahren wurde neben dem niederländischen Groningen-Feld mit dem Troll-Feld das größte europäische Erdgasvorkommen etwa 100 km nordwestlich von Bergen entdeckt. Da die Wassertiefe aber 300-350 Meter beträgt und die Wetterbedingungen sehr ungünstig sind, musste die erforderliche Technik zur Ausbeutung dieses Feldes in den 80er Jahren erst entwickelt werden – dies dauerte bis in die Mitte der 90er. Neben Emden wurde nun Dornum zum Hauptumschlagplatz für norwegisches Gas, da hier die ebenfalls in den 90er Jahren gebauten Europipe I und II anlanden.

Großbritannien war seit Beginn der wirtschaftlichen Erdgasförderung autark und konnte wie die USA auf nennenswerte eigene Quellen zurückgreifen. Im Oktober 1998 nahm die erste Leitungsverbindung nach Kontinentaleuropa (Interconnector) ihren Betrieb auf, die je nach Bedarf in beide Richtungen genutzt werden kann, so dass in Zeiten starker Nachfrage das Gas auch von Kontinentaleuropa nach Großbritannien fließt.

Und morgen?

Für die Sicherung der Versorgung der deutschen und der europäischen Gaskunden werden neue Quellen erschlossen und neue Leitungen gebaut. Hierbei lautet das Motto: Je mehr desto besser. Deutsche Unternehmen engagieren sich bei Gasfeldern in der britischen und norwegischen Nordsee oder am russischen Gasfeld Yushno Russkoje tief in Sibirien.

Die Unternehmen ergreifen bereits heute Maßnahmen. Sie engagieren sich massiv in der Förderung von Erdgas und in der Diversifizierung der Quellen und Routen: So hat sich E.ON Ruhrgas in zahlreichen Feldern in der britischen und norwegischen Nordsee engagiert, Wintershall und Ruhrgas gemeinsam sind Anteilseigner am russischen Gasfeld Yushno Russkoje, das mit Erdgasreserven von 610 Mrd. m^3 zu den größten Gasfeldern der Welt (sog. Giants) gehört: 80 km Längenausdehnung des Felds entsprechen in etwa der Länge des Ruhrgebiets, die Breitenausdehnung beträgt 12 km. Allein aus diesem Feld könnte ganz Deutschland beim derzeitigen Absatz von rund 95 Mrd. m^3 mehr als sechs Jahre versorgt werden. 2007 ist die Produktion aufgenommen worden, bei einer anvisierten Fördermenge von 25 Mrd. m^3 jährlich. Andere Unternehmen wie die Bayerngas und die VNG sind insbesondere in Norwegen mit eigenen Förderungen aktiv. Aber die deutschen Unternehmen kümmern sich nicht nur um eine Diversifizierung der Quellen, sondern auch darum, neue Lieferwege zu erschließen: RWE ist am Betreiberkonsortium Nabucco beteiligt, das sich zum Ziel gesetzt hat, Gasmengen aus dem kaspischen Raum zu erschließen und ab 2014 nach Europa zu transportieren. E.ON Ruhrgas und Wingas wiederum sind Miteigentümer der Nordstream genannten Ostseepipeline, die seit 2010 auf dem Grund der Ostsee verlegt wird und ab 2011 zunächst 27,5 Mrd. m^3 Gas aus russischen Quellen nach Europa transportieren wird. In einem zweiten Leitungsstrang sollen zwei Jahre später nochmals 27,5 Mrd. m^3 Transportkapazität hinzukommen. Wenn man aber den Gesamtbedarf von Europa an Importkapazitäten sieht, der in Zukunft wie oben beschrieben auf zwischen 100 und 200 Mrd. m^3 anwachsen wird, ist auch klar, dass es politisch keinen Sinn macht, diese beiden Leitungsprojekte oder auch andere wie die South Stream (Konsortium aus Gazprom und ENI, weitere Partner werden gesucht) gegeneinander auszuspielen. Auch die Sorge einiger osteuropäischer Staaten, durch deren Transitpipelines das Gas aus Russland bisher floss, dass ihre Leitungen aufgrund wachsender Leitungskonkurrenz „leer laufen" könnten, sind vor diesem Hintergrund unbegründet.

Unconventional Gas

Seit kurzem macht ein neues Wort im Gasbereich Schlagzeilen „unconventional" oder unkonventionelles Gas. Die Entdeckung riesiger Vorkommen in den vergangenen Jahren hat zu einer deutlichen Steigerung der weltweit produzierten Gasmenge und der Reserven und Ressourcen geführt. Die IEA kommt zu dem Ergebnis, dass die geschätzten Vorkommen an unkonventionellem Gas mit 921.000 Mrd. m^3 fünfmal so hoch sind wie die bekannten konventionellen Vorkommen. In den USA stammen zur Zeit deutlich über 40% der Produktion aus unkonventionellem Gas und die Steigerungsrate der bekannten Gasvorkommen stieg in den USA von 2006 bis 2008 um 35%. Durch die Exploration von unkonventionellem Gas sind die USA nicht mehr auf Importe angewiesen und erwarten sogar eine deutlich steigende Gasproduktion. Die Gasproduktion liegt bereits wieder auf dem Niveau von Mitte der 70er Jahre und die USA haben im vergangenen Jahr Russland als weltweit größter Gasproduzent abgelöst. Auch in den bisherigen Importregionen Asien (Japan) und Europa betragen die Ressourcen an unkonventionellem Gas ein Vielfaches der Werte für konventionelles Gas – in Asien etwa den Faktor 4, in Europa den Faktor 2.

Bei unkonventionellem Erdgas handelt es sich um Erdgas, das aufwendiger als „normales" Gas gefördert werden muss, da es tief in der Erde in bisher nicht erschließbaren Schichten z.B. in Schiefer oder Kohle gebunden ist. Es befindet sich zumeist in sehr großer Tiefe, dabei sind die Vorkommen aber typischerweise sehr flach und verteilen sich dafür horizontal über Kilometer. Man unterscheidet „Tight Gas", das sich in festen, dichten Speichern, wie z.B. Sandsteinschichten befindet, deren Porenräume z.B. durch Tonminerale abgedichtet sind. „Shale Gas" (Schiefergas) hingegen tritt in kohlenwasserstoffreichen Sedimenten auf (z.B. Ölschiefer). Zudem zählen zum unkonventionellen Gas Gashydrate in Gesteinen und auf dem Meeresgrund sowie

Flözgase aus Kohleflözen. Hierbei sind natürliche Frakturen oft mit
Wasser und Gas gefüllt und zur Gewinnung des Gases muss zunächst
das Wasser entfernt werden. Selbst in Deutschland werden unkonventionelle Vorkommen vermutet, so dass ExxonMobil Ende 2009 zehn
neue Probebohrungen auf einem 100 km langen Streifen entlang der
niederländischen Grenze ankündigte. Nach Auffassung von Exxon
könnte sich die Verfügbarkeit von Erdgas durch unkonventionelle
Vorkommen um 30-50 Jahre verlängern. Um an das Schiefergas (shale
gas) heranzukommen, sind oft flexible Bohrungen nötig. Sie führen
zunächst senkrecht in den Boden. Wenn die gashaltigen Gesteinsschichten erreicht sind, knickt die Bohrung in mehreren tausend Metern Tiefe in die Horizontale ab. Hierzu sind künstliche Wege erforderlich. Dann wird ein Gemisch aus Wasser, Sand und Chemikalien mit
hohem Druck in das gebogene Bohrloch gepumpt, um das Gestein
aufzusprengen und das Gas strömen zu lassen. Wegen des großen
Wasserverbrauchs und der beigemischten Chemikalien ist diese neue
Form der Gasförderung allerdings ökologisch umstritten. Gegner war-
nen vor einer Verseuchung des Grundwassers, wenn der Chemie-Mix in
großen Mengen in die Erde gepumpt wird. Neben den Umweltbeden-
ken gibt es noch andere Schwierigkeiten, die einer kurzfristigen Erschließung der unkonventionellen Ressourcen entgegenstehen. Während in den USA bereits seit 20 Jahren an Shale Gas geforscht wurde,
sind die Kenntnisse über die Sandsteinschichten in Europa weder im
Hinblick auf die Geologie noch auf die Kostenstruktur ausreichend, so
dass sich Europa gerade in der Erforschungsphase befindet, die die
USA schon seit 10 bis 15 Jahren hinter sich haben. Weitere Unterschie-
de zu den USA bestehen in der deutlich schwereren Möglichkeit, in
Europa Förderlizenzen zu erwerben, was u.a. an der deutlich stärkeren
Besiedelung aber auch daran liegt, dass die Förderrechte bei den Staaten liegen. Eines der größten Hindernisse ist allerdings, dass die Förderkosten aufgrund der Tiefe und Größe der Vorkommen bis zum
vierfachen des Nordamerikanischen Niveaus betragen und damit die
Wirtschaftlichkeit einer Förderung in Europa zur Zeit nicht gegeben ist.
So geht z.B. die IEA in ihrem letzten World Energy Outlook von einer
europäischen Produktion an unkonventionellem Gas von 15 bcm im
Jahr 2030 aus. Zum Vergleich: Der Gesamtbedarf wird auf über 600
bcm geschätzt. Auf der anderen Seite hat auch niemand – selbst vor
zwei oder drei Jahren – diesen Durchbruch des unconventional Gases
in Nordamerika und die Auswirkungen auf den gesamten Gasmarkt

vorhergesehen. Wie schnell eine derartige Entwicklung sich vollziehen kann, zeigen folgende Zahlen: Kalkulierten die Explorationsfirmen bei unkonventionellem Gas vor zwei, drei Jahren noch mit sieben Dollar Kosten je Million Britische Wärmeeinheiten (BTU) – das branchenübliche Vergleichsmaß – so sind sie nun auf vier bis sechs Dollar je Million BTU gesunken. Dies entspricht einer Reduktion der Produktionskosten um bis zu 40%. Bei möglicherweise wieder deutlich steigenden Gaspreisen wird voraussichtlich auch die Exploration von Shale Gas in Europa wirtschaftlich.

Flüssigerdgas (LNG = liquefied natural gas)

Erdgas ist nur bei üblichen Umgebungstemperaturen ein Gas: Kühlt man es sehr stark ab (auf ca. – 160 Grad Celsius), so wird es flüssig. Da die molekularen Bestandteile des Erdgases in einer Flüssigkeit wesentlich dichter gepackt sind, ist im gleichen Volumen deutlich mehr Energie enthalten: So entspricht 1 Tonne LNG etwa 1.000 m³ Pipelinegas bzw. aus 600 m³ Erdgas wird 1 m³ Flüssiggas. Zur Verflüssigung von Erdgas sind weltweit derzeit 24 Terminals in den Produzentenländern errichtet worden. LNG kann dann mit Schiffen, welche das Flüssigerdgas kühl halten, einfach transportiert werden. Derartige Schiffe haben ein Fassungsvermögen von rd. 260.000 m³ Flüssiggas (ca 1,5 Mio m³ Erdgas) und kosten mehrere hundert Mio. $. Das Flüssigerdgas wird dann an sogenannten Anlande- oder Regasifizierungsterminals wieder auf normale Temperaturen erhitzt (wiederverdampft) und dann ins Erdgasnetz des Importlandes eingespeist. Zur Zeit existieren weltweit ca. 90 LNG-Anlande-Terminals (davon 20 in Europa), zahlreiche weitere sind geplant oder befinden sich im Bau. Die Verflüssigung von Erdgas, der Schiffstransport und die Regasifizierung ist jedoch mit Aufwand und Kosten verbunden, so dass LNG in Preiskonkurrenz zum Pipelinegas steht.

LNG wurde in den 70er-Jahren als Alternative zum Pipelinegas in Betracht gezogen. Durch die bereits angesprochenen Kosten wurden viele LNG-Entwicklungsprojekte während des niedrigeren Preisniveaus der 80er- und 90er-Jahre nicht weiterverfolgt. Erst als der Gaspreis nachhaltig die 15,00 EUR/MWh überschritten hatte, wurde LNG wieder attraktiv.

Es gibt jedoch Ausnahmen: Japan kann aufgrund seiner Lage und des extrem tiefen Meeres nicht sinnvoll mit Pipelines erreicht werden – ähnliches gilt für Südkorea. Damit wurde in Japan und Südkorea schon in den 80ern auf LNG zurückgegriffen, das vor allem aus Australien und der Golfregion geliefert wurde. Noch heute gehen rund die Hälfte der LNG-Transporte in die beiden Länder. In Europa war LNG ebenso aus geographischen Gründen vor allem für Spanien und Frankreich interessant, die USA folgten später.

Etliche Gasförderländer haben in Folge der Entwicklung Gasverflüssigungsanlagen gebaut wie Katar, Iran, Ägypten, Norwegen oder Trinidad und Tobago. Damit leistet LNG einen wesentlichen Beitrag zu einer stärkeren weltweiten Verflechtung der Gasmärkte, so dass viele schon von einem globalen Gasmarkt sprechen. Darüber hinaus leistet LNG auch einen wichtigen Beitrag zu einer sicheren Versorgung, da eine größere Unabhängigkeit von Produzentenländern erreicht werden kann.

Zusammenfassung

- Erdgas ist ein Naturprodukt, dessen Entstehung vor etwa 300 Mio Jahren durch die Zersetzung von organischem Material begann. Eine Erdgaslagerstätte bildet sich, wenn das Gas in porösem Gestein mit einer undurchlässigen Gesteinsschicht eingeschlossen wird. Gas kann in Verbindung mit Öl oder als reine Gaslagerstätte auftreten.
- Da es sich um ein Naturprodukt handelt, gibt es auch unterschiedliche Gasbeschaffenheiten, die nach Höhe des jeweiligen Brennwerts (Kohlenstoffanteils) im Wesentlichen in H-(Hoch-kalorisches) und L-(Niedrig-kalorisches) Gas unterteilt.
- Die Vorkommen von Erdgas sind weltweit ungleich verteilt. Die größten Vorkommen liegen in einer sogenannten strategischen Ellipse, die vom Nahen/Mittleren Osten bis nach Russland reicht. Hier befinden sich rund 65% der Welterdgasvorkommen. Die größten Vorkommen befinden sich in Russland.
- Deutschland liegt geographisch sehr günstig zu den Hauptlieferländern. Neben einheimischer Förderung (13%) kommen die Lieferungen zurzeit hauptsächlich aus Russland, Norwegen und den

Niederlanden, aber der Anteil von verflüssigtem Erdgas (LNG) nimmt ständig zu.

■   Zur Erschließung einer Quelle sind zunächst Voruntersuchungen bezüglich der Reichweite des Erdgases und der Wirtschaftlichkeit einer Erschließung erforderlich. Führt dies zu einem positiven Ergebnis, schließen sich Probe- und Erkundungsbohrungen an, bevor mit der tatsächlichen Produktion begonnen wird.

■   Da zwischen der ersten Untersuchung und der endgültigen Förderung aus einem Feld viele Jahre vergehen und hohe Kosten entstehen, muss der Importeur auch dann für das Gas bezahlen, wenn er es im Markt nicht absetzen kann (Nimm – oder – zahl). Dafür trägt der Exporteur die langfristigen Investitionsrisiken bei der Erschließung der Felder.

10 Minuten Transport und Netz: Von der Pipeline in die Heizung

Gerrit Riemer

Technik des Gastransports

Im Gegensatz zu Strom, der nur schlecht gespeichert werden kann und daher in der Regel nach der Erzeugung und seinem blitzschnellen Transport durch die Netze sofort verbraucht wird, fließen die Erdgasmoleküle ähnlich wie Wasser physisch und greifbar durch die Leitungen. Und ähnlich wie Wasserleitungen wurden Gasleitungen auch schon sehr früh eingesetzt: In der Region des Fernen Ostens wurde bereits vor 1000 Jahren Erdgas in Bambusrohren transportiert. Einige Jahrhunderte später nutzten die Amerikaner ausgehöhlte Kiefernstämme, die sie innen und außen teerten, damit kein Gas entwich. Zu diesen Zeiten wurde Gas nur über sehr kurze Distanzen und mit Ausnutzung des Gefälles im Gelände transportiert. Ende des 19 Jahrhunderts gab es in den USA die erste Leitung aus Metall, mit der es möglich war, Gas über längere Distanzen und mit höherem Druck zu transportieren.

Für die Erzeugung des notwendigen Drucks sind Verdichterstationen erforderlich, die mit großen Luftpumpen verglichen werden können: Anstelle der Luft wird Gas angesaugt und auf der anderen Seite mit höherem Druck wieder herausgepresst oder gepumpt. Mit einer Verdichterstation ist es übrigens nicht getan: Da der Druck nach ca. 100 bis 150 km aufgrund der Reibung des Gasstroms an den Rohrwänden deutlich abnimmt und langsamer fließt, muss man den Druck durch eine neue Luftpumpe erhöhen. In Deutschland gibt es knapp 40 Verdichterstationen, die eine Leistung von 900 MW aufweisen. Dies wäre eine große Luftpumpe mit etwa 1,2 Mio. PS oder etwa 12000 Fahrzeugen mit je 100PS. Ein großes Kohlekraftwerk ist etwa genauso leistungsstark.

Direkt nach dem Verdichten beträgt der Druck innerhalb einer Ferngasleitung bis zu 100 bar. Zum Vergleich müssen wieder Autos herhalten: Ein Autoreifen bei einem PKW wird meist bis zu 2-3 bar aufgepumpt, was etwa dem Druck in einer Wasserleitung entspricht. A propos Wasser: Ein Druck von 100 bar herrscht in etwa 1000 Meter

Wassertiefe – moderne Atom-U-Boote schaffen nur etwa die Hälfte. Ferngasleitungen haben einen Durchmesser von bis zu 1,50 m. so dass Kinder bequem darin stehen können und Erwachsene sie in gebückter Haltung durchwandern könnten.

Was passiert eigentlich bei der Querung von Flussläufen und/oder Kanälen?
Bei einer Querung von Flussläufen und/oder Kanälen werden sogenannte Düker verwendet. Dabei wird ein U-förmiges Leitungsrohr am Ufer zusammengesetzt, verschweißt und dann in den vorbereiteten Graben auf dem Grund des Flusses und der Uferböschung herabgelassen. Anschließend werden die Enden des Dükers mit den jeweiligen Leitungsenden auf beiden Uferböschungen verschweißt. Bei dem Wort „Düker" handelt es sich übrigens um den mittelalterlichen Ausdruck für „Tauchente."

Doch was macht man, wenn die Leitung eine große Distanz unter Wasser zurücklegt? Einfache Antwort: den Druck erhöhen und zwar auf bis zu 200 bar. So zum Beispiel bei der Nordstream Pipeline von Russland nach Deutschland, die 1200km ohne Verdichter auskommen muss.

   Gastransport und Gasverteilung sind seit jeher mit Angst verbunden, denn Gas ist brennbar und kann zu schweren Explosionen führen. Unglücke bei oder mit Gas sind äußerst selten und meist auf unsachgemäße Handhabung, Anschläge oder handwerkliche Fehler bei Bauarbeiten zurück zu führen. Wenn allerdings ein Unglück passiert, hat es zumeist gravierende Auswirkungen: Mitte 2004 kam es beispielsweise in Belgien zu einer Katastrophe, als Bagger in 6 Meter Tiefe eine Ferngasleitung beschädigten und diese daraufhin explodierte – 15 Tote und 120 Verletze sind die traurige Bilanz dieses Unglücks. Auch im Gasverteilbereich kommt es – ebenfalls sehr selten – zu Unglücken, wie zum Beispiel 1988 in Walluf im Rheingau, als ein Schaltfehler zu Überdruck und der Beschädigung bzw. Zerstörung von 20 Häusern führte – auch hier war ein Opfer zu beklagen. Oberstes Ziel der Ingenieure ist es daher, die Technik sicher zu machen und soweit als möglich menschliches Versagen in die Sicherheitsphilosophie mit einzubeziehen. Dass seit dem Unglück 22 Jahre vergangen sind, spricht für den sicheren Umgang in Deutschland.

Wichtig ist es, Gasleitungen dicht zu machen und auch dicht zu halten. Daher werden Leitungen in ein „weiches Bett" gelegt, damit sie durch Erdbewegungen nicht beschädigt werden.

Dann folgen die Materialauswahl und Prüfungen beim Verlegen, ob die aneinandergereihten Rohre auch dicht sind. Dies geschieht mit Röntgentechnik. Und damit die Rohre nicht wegrosten, wird viel Rostvorsorge betrieben. Zum einen durch einen Kunststoffmantel, was nichts anderes heißt, als das Stahlrohr mit Plastik zu überziehen, so dass Feuchtigkeit und Sauerstoff nicht mehr angreifen können. Zum anderen benutzt man Strom, um den elektrochemischen Vorgang der Rostbildung zu stoppen. Dabei wird ein elektrischer Gleichstrom erzeugt, der über den Erdboden in die Leitungen eintritt und damit jede chemische Veränderung und Zerstörung der Stahlrohre verhindert.

Neben Rostschutz werden die Leitungen auch sauber gehalten. Die Reinigung der Rohre erfolgte früher mit großen Bürsten, die von Arbeitern an langen Seilen durch Leitungsabschnitte gezogen wurden. Inzwischen hat sich – wie ja viele durch James Bond gelernt haben – die Technik des sog. „Molchens" durchgesetzt, bei der fahrbare Untersätze in den Leitungen mit hohem Druck durch neue bzw. leer stehende Leitungsabschnitte gepresst werden und Rückstände (oder Flüchtlinge) vor sich her treiben, die dann an einer Molchschleuse entnommen werden können. Bei den Molchen handelt es sich also nicht um Lebewesen, sondern um walzenförmige Gebilde aus Stahl und Kunststoff, die genau in ein Gasrohr hineinpassen.

Danach wird die Leitung regelmäßig begangen oder abgefahren und aus der Luft kontrolliert. Dabei ist der Verlauf der großen Trassen durch die typischen gelben Pfähle markiert, die gut sichtbar in der Landschaft platziert sind. Sie sind beschriftet und zeigen z.B. die Lage der Absperrarmaturen im Leitungsnetz an. Einige dieser Pfähle haben auch kleine gelbe Dächer, die mit Zahlen versehen sind. An diesen Zahlen können sich die Hubschrauberpiloten bei ihren Kontrollflügen orientieren. Auch in der Stadt erkennt man Gasleitungen und unter der Straße liegende Ventile.

Für diese Flüge hat die Gaswirtschaft die sogenannte Charme-Technologie entwickelt (CH4 Airborne Remote Monitoring). Die Vision dabei war eine Kombination von Gasleitungsüberwachung und Gasleitungsüberprüfung, insbesondere in bebauten Bereichen. Die Realisierung erfolgt nun durch lasergestützte Gasdetektoren im Hubschrauber, mit denen in einer niedrigen Flughöhe von 80 m bis 150 m und einer Fluggeschwindigkeit von ungefähr 70 km/h Messungen durchgeführt werden. Jeder Methanaustritt kann sofort erkannt und erfasst werden. Ähnlich wie bei der Feuerwehr gibt es übrigens vordefinierte Mindestzeiten, innerhalb derer Leitungsbetreiber zur Reparatur vor Ort sein müssen – eine halbe Stunde ist hier das Maximum. In der Stadt geht es schneller, einen entlegenen Winkel in einem Bergwald zu erreichen ist innerhalb einer halben Stunde sportlich.

Anders als der Hubschrauber mit seiner komplizierten Technik muss man Gas auch am Boden, z.B. in der Wohnung schnell und unproblematisch erkennen können. Dafür reicht unsere Nase aber nicht aus, weil Erdgas nahezu geruchlos ist. Daher wird dem Gas, das in kleineren Leitungen – also in den Städten – fließt, ein Geruchstoff beigemischt, um es riechbar zu machen – der Vorgang heißt Odorierung. Um die Nase in Alarm zu setzen, duftet der Geruchsstoff nicht nach Rosen, sondern nach Schwefel und faulen Eiern. Diesem Geruch spürten früher auch die Mitarbeiter der Gaswerke nach – inzwischen gibt es für die Dichtigkeitsmessung hochmoderne Geräte.

Wer regelt den Gasleitungsverkehr?

Wie im Straßenverkehr gibt es auch für Gasleitungen Verkehrsleitzentralen, in denen der Gastransport organisiert und überwacht wird. Neudeutsch heißen diese Dispatching Center. Hier werden mit Hilfe von Computern und Bildschirmen Verdichter an- und abgestellt, Schieber betätigt und Ventile gesteuert, um Rohre zu schließen und zu öffnen und den Gasfluss damit zu steuern. Interessant wird es, wenn Umstände hinzukommen, die man nicht beeinflussen kann, wie beispielsweise eine Gasautobahnsperrung zwischen Russland und der Ukraine. Dann müssen Netzkarten gewälzt werden, um den Gasverkehr auf Nebenstraßen um die Ukraine herum umzuleiten. Nicht immer einfach, denn der Vorgang erfordert viel Koordination und Kommunikation mit anderen Dispatchern, die eventuell einige ihrer Nebenstraßen im Krisenfall zu Einbahnstraßen machen oder gar selber sperren. Um für Krisenfälle vorzubeugen, wird regelmäßig geübt und die Kommunikation verbessert.

Wer tut was?

Die deutsche Gaswirtschaft ist privatwirtschaftlich organisiert und anders als in europäischen Nachbarländern ziemlich heterogen. Sie besteht aus ca. 700 Unternehmen auf den unterschiedlichen Wertschöpfungsstufen, die zwischen 30 und 40000 Mitarbeiter beschäftigen. Bis Ende der 90er Jahre konnten sich Gasversorger genauso wie Stromversorger „demarkieren", d.h. es gab Absprachen der Unternehmen über klar zugewiesene Gebiete für die einzelnen Gasversorger, in die kein Konkurrent liefern durfte. Diese Gebietsabgrenzungen und der Ausschluss von Wettbewerb stellten nichts anderes als ein Monopol dar, das aber durchaus Sinn machte, um den Aufbau (teurer) Parallelstrukturen zu verhindern und den Versorgern, die ja durch die Importverträge das Mengenrisiko schultern, durch exklusiven Leitungsbau und exklusive Versorgung in „ihrem" Versorgungsgebiet einen sicheren Absatz zu garantieren. Diese Monopolstellung wurde mit der Energierechtsnovelle von 1998 – genau wie bei Strom – beseitigt. Seitdem erfährt der Gasmarkt Öffnungsschritte und neue Anbieter tauchen auf. Im Gegensatz zur privatwirtschaftlichen Organisation der Gaswirtschaft in Deutschland wird die Gasversorgung in zahlreichen anderen Ländern als öffentliche Dienstleistung oder „service publique" betrachtet, die die Gasversorger in staatlichem Auftrag zu erbringen haben.

Unverändert geblieben ist die „übrige Gaswirtschaft", die das im Steinkohlenbergbau, in der Eisenindustrie oder in der Mineralölindustrie anfallende Gas auffängt und in erster Linie selber nutzt. Diese übrige Gaswirtschaft ist aber völlig untergeordnet im Vergleich zur öffentlichen Gaswirtschaft. Diese besteht u.a. aus Importeuren und einheimischen Produzenten, die die Gasmengen für den deutschen Gasmarkt fördern oder beschaffen. Das Gas wird dann an sogenannte Regionalversorger oder Weiterverteiler verkauft, meist mittelgroße Unternehmen wie Bayerngas, die für die Verteilung in die Fläche verantwortlich zeichnen. Die größte Anzahl an Unternehmen stellen die Stadtwerke. Sie sind für die Verteilung des Gases an die Haushalte und Gewerbe zuständig. Gleiches gilt für den Transport: Die Importmengen werden über Hochdruckleitungen über Fernleitungsnetze transportiert, die vom sog. Transmission System Operator (TSO) betrieben werden, dazwischen sitzt eine Regionalstufe und schließlich erfolgt die Verteilung über die Netze der Stadtwerke, die neudeutsch Distribution System Operator (DSO) genannt werden.

Gasrohre in Deutschland

Die erste Ferngasleitung in Deutschland wurde um 1910 in Betrieb genommen, sie war 50 km lang und verband die Städte Hamborn und Barmen. Barmen ist heute ein Stadtteil von Wuppertal. Damals wurde noch kein Erdgas, sondern Kokereigas transportiert – also „übrige Gasversorgung". In den 70er Jahren nach der Ölkrise schaute man sich nach Alternativen um. Bisher waren die Leitungen hauptsächlich nach Westen Richtung Niederlande als dem wesentlichen Lieferanten ausgerichtet. Danach wurde in Richtung Osten (Russland) und Richtung Norden (Norwegen) ausgebaut. Der Gasfluss in Deutschland findet in der Regel von Nord nach Süd und – inzwischen – von Osten nach West statt. In diese Richtungen drücken die Verdichterstationen dann auch das Gas und die Dispatcher steuern entsprechend ihre Schieber. Seit kurzem ist es auch möglich Verdichterstationen so einzurichten, dass sie Gas in beide Richtungen pressen können.

Inzwischen durchzieht ein unterirdisches Leitungsnetz von über 60.000 Kilometern Fern- bzw. Hochdruckleitungen Deutschland. Zum Vergleich: Die deutschen Autobahnen umfassen etwa „nur" knapp 13.000 Straßenkilometer. Zusammen mit den Leitungen der Regionalversorger und der Stadtwerke sind in Deutschland etwa 380.000 km Gasleitungen verlegt, mit denen man etwa 10 mal am Äquator die Erde umkreisen könnte. Von diesen Leitungen sind 27% Hochdruckleitungen (Durchmesser 1,20 m-1,50 m), etwa 38% Mitteldruckleitungen (100 mbar bis 1 bar) und die restlichen 35% Niederdruckleitungen bis 100mbar, die das Gas zu den Haushalten bringen.

Die Wertschöpfungsstufen

Im Folgenden werden die Aufgaben der einzelnen Wertschöpfungsstufen der deutschen Gaswirtschaft näher beschrieben. Wertschöpfungsstufen umfassen den Weg eines Rohstoffs von seiner Lagerstätte bis zum Verbraucher.

Produktion

Mit einer Eigenproduktion von 16 Mrd. m³ lag die deutsche Erdgasförderung 2005 nach den Niederlanden, Großbritannien und Norwegen an vierter Stelle in Europa. Ein Vergleich zur Größendimension: Das Luftschiff Hindenburg hatte ein Fassungsvermögen von etwa 200.000 m³, umgerechnet würde die deutsche Erdgasproduktion also jährlich 80.000 Mal die Hindenburg füllen können. Diese Produktionsmenge hört sich gewaltig an, sie trägt aber „nur" zu 15% zum gesamten Erdgasverbrauch in Deutschland bei. Und die Kurve geht weiter nach unten: Dies wird daran deutlich, dass im Jahr 1996 noch 21% des Verbrauchs aus eigenen Quellen gedeckt werden konnten. Seit nunmehr sieben Jahren ist die heimische Produktion rückläufig und 2010 wurde mit 12,7 Mrd. m³ gerade noch das Niveau von 1970 erreicht. Gleichzeitig haben Messverfahren ergeben, dass die Vorkommen deutlich niedriger sind, als bisher angenommen. Sie schrumpften im Vergleich zu 2008 um ein Viertel auf 136,7 Mrd. m³.

Import

Die deutsche Importabhängigkeit bei Gas stieg im Zeitraum von 1996-2009 von 79% auf 87% an. In Deutschland importieren zehn Unternehmen physisch Gas. Die Importeure und Produzenten stellen den übrigen Gasversorgungsunternehmen das Gas an Übergabestellen zur Verfügung, wo diese das Gas übernehmen.

Früher waren die Importeure auch gleichzeitig für den Transport des Gases innerhalb Deutschlands und die Speicherung als sogenannte „vertikal integrierte Unternehmen" zuständig. Die im Rahmen der Liberalisierung erlassenen Entflechtungsbestimmungen verhindern dies: Aufgaben des Netzbetreibers müssen von einem rechtlich unabhängigen Unternehmen erbracht werden.

Regionalstufe

Im Gegensatz zu zahlreichen anderen Ländern existiert in Deutschland neben der Ferngas- und der Ortsgasversorgung eine dritte Stufe: die Regionalgasversorgung. Diese Unternehmen sind häufig auf politischen Druck hin gegründet worden, da auch in ländlichen Regionen – außerhalb der Ballungszentren – der Aufbau einer Gasversorgung gewünscht war. Die Regionalversorger lassen sich schwer ganz konkret einer der beiden anderen Gruppen zuordnen, da sie zumeist sowohl Hochdruck- als auch Mittel- und Niederdruckleitungen betreiben und sowohl an Endverteilerunternehmen als auch Endkunden Gas liefern.

Ortsgas- oder Endverbraucherstufe

Die Gasversorger auf kommunaler Ebene bauen, betreiben und überwachen ebenfalls ein Leitungsnetz (zumeist Mittel- und Niederdruck) und versorgen ihre Kunden (in erster Linie Haushaltskunden und Kleinverbraucher, aber auch Industrie und Kraftwerke) mit Erdgas. Sie betreiben Anlagen und Einrichtungen zur Druckreduzierung und Messung und beraten vor Ort (z.B. über Maßnahmen zum Energiesparen in enger Kooperation mit dem örtlichen Handwerk).

Wettbewerb auf dem Gasmarkt

Da es sich beim Netz um ein natürliches Monopol handelt, waren die Politiker in den 90er Jahren der Auffassung, dass eine Liberalisierung des Marktes nur funktionieren kann, wenn der Zugang zu den Netzen diskriminierungsfrei für jeden Interessenten möglich ist. Daher setzte die erste Gasrichtlinie von 1998 insbesondere bei diesem Punkt an. In Deutschland galt das Energiewirtschaftsrecht seit 1935, aber als es 1998 erstmals geändert wurde (bis dahin war offiziell der „Reichswirtschaftsminister" zuständig), war die Gasrichtlinie in Brüssel noch nicht verabschiedet. Daher wurden 1998 für die Gaswirtschaft wie bei Strom die bis dahin geltenden ausschließlichen Wegerechte und die Möglichkeit für Gebietsabsprachen zwischen den Versorgern abgeschafft, aber spezielle Regelungen zum Netzzugang bei Gas wurden erst bei der nächsten EnWG-Novelle im Jahr 2002 umgesetzt.

Ziel war, neben den etablierten Unternehmen auch deutlich stärker dritten Unternehmen/Newcomern den Markt zu öffnen, was nur durch die Nutzung der Netze zum Endkunden hin möglich ist. Neben dem Netzzugang sah und sieht das EnWG auch den Direktleitungsbau als gleichwertige Wettbewerbsalternative vor. Anders als in den meisten anderen europäischen Ländern fand in Deutschland tatsächlich Parallelleitungsbau in nennenswertem Umfang statt. Seit 1991 baute Wintershall/Wingas zahlreiche Ferngasleitungen, und schloss Stadtwerke im Wettbewerb zu den bisher verlegten Leitungen. Inzwischen hat Wingas einen Marktanteil in Deutschland von 17-18% erreicht.

Da Leitungsbau aber hohe Investitionen erfordert, ist diese Alternative nur für Unternehmen mit großer Kapitaldecke möglich, aber die Politik setzte eher auf kleinere Newcomer, die nicht diskriminiert werden sollten.

Daher wurde festgelegt, dass Fernleitungsnetzbetreiber ihr Netz Dritten diskriminierungsfrei zur Verfügung stellen müssen. Dies bedeutet, dass kein Dritter von den Konditionen schlechter behandelt werden darf, als der eigene Vertrieb/Handel. Dies bezieht sich zum Einen auf die Preise, die bei gleichen Rahmenbedingungen (Vertragslaufzeit, durchgeleitete Menge etc.) nicht voneinander abweichen dürfen, aber auch die übrigen Bedingungen des Netzzugangs.

Seit der Novelle des Energiewirtschaftsrechts von 1998 hat rein rechtlich jeder Kunde in Deutschland das Recht, seinen Lieferanten frei zu wählen. Deutschland hatte sich im Gegensatz zu anderen Staaten wie Frankreich nicht für eine schrittweise, sondern für eine sofortige 100%-ige Marktöffnung entschieden. Die Gasrichtlinie von 1998 sah die Wahlmöglichkeit zwischen einem verhandelten und einem regulierten Netzzugang vor. Deutschland entschied sich für den Weg des verhandelten Zugangs, da dies eher dem privatwirtschaftlich organisierten, marktwirtschaftlichen System in Deutschland entsprach. Daher kam es wie bei Strom zu sog. Verbändevereinbarungen, bei denen sich die Verbände der Gasbranche (BGW, heute BDEW) und VKU sowie die Verbände der industriellen Kunden (BDI, VIK) auf die allgemeinen Netzzugangsbedingungen verständigten. Dies bedeutete aber nicht, dass konkrete Preise festgelegt, sondern die Regeln vereinbart wurden, wie diese zu kalkulieren waren. Gleiches wurde bei den Zugangsregelungen zum Netz (z.B. in Engpassfällen) vorgenommen. Die Verbände einigten sich in den Jahren 2000 und 2002 auf zwei Verbändevereinbarungen. Die Händler übten Kritik an den Verbändevereinbarungen, da es sehr kompliziert war, mit jedem Netzbetreiber, durch dessen Netz das Gas bis zum Endkunden geleitet werden sollte, in bilaterale Verhandlungen einzutreten. Die Verträge folgten damals noch dem dezidierten Gasfluss, so dass sogar der Transport durch bestimmte Pipelines gebucht werden konnte/musste. Aber auch zu diesem Zeitpunkt fand schon ein

nennenswerter Wettbewerb der Gasversorger um Industrie- und Stadt-
werkekunden statt, der durch den Direktleitungsbau der Wingas/Win-
tershall noch befördert wurde. Bei den Haushalten kam davon aber zu
Beginn der Liberalisierung wenig an.

Die Verbände hatten sich gerade darauf geeinigt, zur Verbesserung des bisherigen Modells auch über das sogenannte Entry/Exit-
Modell (s.u.) zu verhandeln, als ein internes Strategiepapier der damaligen Minister Clement und Trittin bekannt wurde, in dem diese die
Einführung einer Regulierungsbehörde vorschlugen und empfahlen,
den weiteren Fortschritt der Verhandlungen zwischen den Verbänden
„soweit wie möglich" zu berücksichtigen. In dieser Situation war zwischen den Verbänden keine Konsensfindung mehr möglich, da klar
war, dass die Regulierungsbehörde das Verhandlungsergebnis nicht 1:1
umsetzen würde, wie es das EnWG von 2002 eigentlich vorgesehen
hatte. Gleichzeitig war in Brüssel die Kommission der Auffassung, die
Liberalisierung in Europa sei noch nicht weit genug fortgeschritten und
legte daher das sogenannte Beschleunigungspaket zur weiteren Liberalisierung der Strom- und Gasmärkte vor. Die rot-grüne Bundesregierung setzte sich dementsprechend in Brüssel nicht mehr für die Beibehaltung der Wahlmöglichkeit zwischen verhandeltem und reguliertem
Zugang ein. So enthielt die 2003 verabschiedete Gasrichtlinie neben
der Verpflichtung aller Mitgliedstaaten zur vollständigen Marktöffnung
innerhalb bestimmter Fristen die Verpflichtung zur Einführung eines
regulierten und von den Regulierungsbehörden überwachten Netzzugangs. Die Regulierungsbehörden sollen unabhängig von den Regierungen der Staaten und den Unternehmen sein und u.a. folgende
Aufgaben übernehmen:

- Monitoring/Überwachung der Netzbetreiber bzgl. Netzzugang
  und Unbundling (s.u.)
- Festlegung oder Genehmigung von Tarifen oder Tarifmethoden
  für den Netzzugang
- Eingriffs- und Änderungsbefugnis bei Tarifen und Methoden

Da die Staaten wie üblich 2 Jahre Zeit zur Umsetzung von EU-Richt-
linien eingeräumt wird, verging noch viel Zeit, bis der Netzzugang für
Gas erstmals gesetzlich festgelegt und die Regulierungsbehörde (Bundesnetzagentur: BNetzA) mit der entsprechenden Kontrolle beauf-
tragt wurde. Bis dahin galten die Regelungen der letzten Verbände-

vereinbarung unverändert weiter. Im Juli 2005 wurde mit dem erneut novellierten Energiewirtschaftsgesetz, der Verordnung über den Zugang zu Gasversorgungsnetzen (GasNZV) sowie der Verordnung über die Entgelte für den Zugang zu Gasversorgungsnetzen (GasNEV) der regulierte Netzzugang auch in Deutschland eingeführt. Die Politik erhoffte sich davon sinkende Gaspreise, da die Regulierungsbehörde seitdem den Netzzugang und die Höhe der Netzentgelte vorab kontrolliert, während zuvor die Kartellbehörden ex-post beim Verdacht von Missbrauch eingreifen konnten.

Während das von 1935 bis 1998 geltende EnWG mit 16 Paragraphen ausgekommen ist, umfasst das EnWG von 2005 insgesamt 118 Paragraphen, und die beiden Verordnungen zusammen genommen nochmals 78 Paragraphen. Die Komplexität wird noch dadurch erhöht, dass allein das neue EnWG 20 Ermächtigungen für weitere Rechtsverordnungen enthält.

Entry-Exit-Modell, Marktgebiete

Die Gasnetzzugangsverordnung sieht ein Entry-Exit-Modell vor, in dem Netzkunden nicht mehr wie bisher den Transport durch jede Pipeline separat buchen müssen, sondern nur den Eintritt- (Entry) und Austritt (Exit) aus dem Gebiet eines Netzbetreibers. Damit wurde der Netzzugang deutlich vereinfacht. Das neue Modell ist auch unter dem Namen Zwei-Vertragsmodell bekannt. Ein Marktgebiet ist dadurch gekennzeichnet, dass der Netzbetreiber jedem Kunden garantiert, dass innerhalb des Gebiets keine Engpässe bestehen und er die Kapazitäten, die er gebucht hat, jederzeit auf alle Entry- bzw. Exitpunkte eines Marktgebiets frei zuordnen kann. Dies bedeutet aber auch, dass nicht alle Kapazitäten vermarktet werden können, da Kapazitäten freigehalten werden müssen, die eventuell gebucht werden könnten. In der Öffentlichkeit wurde lange die hohe Zahl der Marktgebiete kritisiert, aber gleichzeitig wurde deren Zahl von über 20 im Jahr 2005 auf nur noch sechs im Jahr 2009 reduziert. Dies gelang durch Kooperation der Netzbetreiber, die ihre Marktgebiete zum Teil auf Druck der BNetzA, zum Teil aus eigenem Antrieb immer weiter zusammenlegten. In der Koalitionsvereinbarung von 2009 ist das Ziel von zwei Marktgebieten festgelegt worden. Zunächst gab es Überlegungen, ein Marktgebiet vorzuschreiben, was aber aufgrund der beiden unterschiedlichen Gasbe-

schaffenheiten von H- und L-Gas nicht realisierbar gewesen wäre. Zum
1. Oktober 2009 entstand das derzeit größte Marktgebiet Netconnect,
indem fünf Netzgesellschaften ihre Marktgebiete zusammenlegten
(bayernets, Eni Gas Transport Deutschland, OGE, GRTgaz Deutschland
und die GVS Netz GmbH). Das Marktgebiet, der Netconnect verfügt
über ein Leitungsnetz von insgesamt 14.800 Kilometer und verbindet
mehr als 400 weitere Gasnetze. Rund die Hälfte des in Deutschland
transportierten Erdgases fließt durch dieses Netz. Kunden haben nun
die Möglichkeit, Erdgas mit nur einem Ein- und einem Ausspeisevertrag
zwischen Nordsee, Alpen, Oder und Rhein zu vermarkten. Zu den
Aufgaben der NetConnect Germany gehört das Bilanzkreismanage-
ment, also der Ausgleich zwischen Einspeisung und Entnahmen, und
der Betrieb des virtuellen Handelspunktes, an dem Gas nach der Ein-
und vor der Ausspeisung innerhalb des Marktgebietes gehandelt werden kann.

Die Reduzierung der Marktgebiete hat zusammen mit dem Zwei-
Vertragsmodell und den Regelungen zum Bilanzausgleich den Wettbewerb in Deutschland deutlich belebt, was sowohl Monopolkommission als auch Bundesnetzagentur lobend hervorgehoben haben. Für
die Abwicklung des Sekundärhandels mit nicht genutzten Kapazitäten
überarbeitet die Branche derzeit die Internet-Plattform trac-x, wodurch die Liquidität nochmals deutlich verbessert werden soll. Auch
der erfolgte Wechsel von der Stundenbilanzierung zur Tagesbilanzie-
rung (Zeitraum, in dem Händler die Ungleichgewichte zwischen Ein-
und Ausspeisungen ausgleichen müssen) im Rahmen der GABi Gas
erhöht die Verantwortung der Netzbetreiber in einem deutlichen Umfang und verringert die Bilanzierungskosten für Kunden erheblich.

Der Präsident der Bundesnetzagentur Kurth erklärte diesbezüg-
lich eindeutig „(...) dass die Einführung von GABi Gas die Wettbewerbssituation auf dem Gasmarkt positiv beeinflusst hat. So geben 171
Transportkunden an, dass sie ihre Belieferung in andere Netze ausge-
dehnt haben. Dies entspricht einem Anteil von 25% aller Transportkunden".[1]

Damit sind nun nach dem Start der Liberalisierung 1998 nach über
10 Jahren mit einiger Verzögerung die Grundlagen für einen funktionierenden Wettbewerb im Gasbereich gelegt.

---

[1] Vgl. Pressemitteilung der Bundesnetzagentur vom 13.10.2009,
http://www.bundesnetzagentur.de/enid/a923ae0466348e1bdac0b37b4b281285,0/Presse/
Pressemitteilungen_d2.html#Monitoringbericht_2009.

Was ist Unbundling und warum wurde es eingeführt?

Insbesondere bedeuteten und bedeuten die EU-Vorgaben aber auch ein Unbundling (Trennung) zwischen Netz und Vertrieb/Handel, um sicherzustellen, dass der Handel/Vertrieb des vertikal integrierten Unternehmens keinen Informationsvorsprung gegenüber jedem Dritten über freie Kapazitäten, Kundenwechsel etc. hat. Dies führte zu der Vorgabe, sogenannte „Chinese Walls" einzuführen, so dass sichergestellt ist, dass die Mitarbeiter nicht mehr miteinander kommunizieren und die EDV-Systeme getrennt wurden. Außerdem mussten zahlreiche Funktionen, die sensibel waren, in den Unternehmen nun doppelt ausgeführt werden, z.B. das sogenannte Dispatching.

Nun sind durch die Vorgaben der Gasrichtlinie von 1998 der Netzbetrieb und der Handel für die Ferngasunternehmen voneinander getrennt. Zunächst gab es nur eine buchhalterische und informatorische Trennung, in der Gasrichtlinie von 2002 und der deutschen Umsetzung von 2005 wurde eine organisatorische und rechtliche Trennung (legal unbundling) festgeschrieben. Im Grundsatz müssen sich vertikal integrierte Energieversorgungsunternehmen und Netzbetreiber, die mit einem vertikal integrierten Unternehmen verbunden sind entflechten. Ein vertikal integriertes Unternehmen liegt dann vor, wenn ein Energieversorger nicht nur ein Übertragungs- bzw. Fernleitungsnetz und/oder Verteilungsnetz betreibt, sondern darüber hinaus noch auf einer anderen energiewirtschaftlichen Wertschöpfungsstufe tätig ist (im Wesentlichen Vertrieb, Handel oder Erzeugung/Produktion). In diesem Fall sieht die Politik die Gefahr, dass der Netzbetreiber dem verbundenen Vertrieb oder Handel durch einen Informationsvorsprung oder bessere Konditionen einen Vorteil gegenüber einem Wettbewerber verschaffen könnte. Daher wurden die Vorgaben zum Unbundling erlassen. Diese Regelungen gelten nicht nur für Einzelunternehmen, sondern auch für eine Gruppe von Unternehmen, wenn ein oder mehrere Unternehmen dieser Gruppe einen bestimmenden Einfluss auf die übrigen Unternehmen oder Unternehmensteile ausüben können. Dies gilt z.B. bei einem Anteilsbesitz von über 50%, oder bei der Möglichkeit, die Mehrheit der Aufsichtsratsmandate zu bestimmen. Auch bei personellen Verflechtungen auf den Leitungsebenen der einzelnen Unternehmensteile kann ein bestimmender Einfluss ausgeübt werden (Vorstand, Geschäftsführung, Werkleitung). Eine ganz genaue Festlegung des bestimmenden Einflusses existiert nicht, sondern richtet sich nach der jeweiligen Auslegung der Fusionskon-trollverordnung (Art. 3 Abs.2) durch die Gerichte.

Hauptziel der EU-Kommission war aber von Beginn an eine eigen-tumsrechtliche Entflechtung (Ownership-Unbundling), so dass Netz und Vertrieb nicht nur in unterschiedlichen rechtlichen Gesellschaften unter einer Holding geführt werden müssen, sondern komplett unter-schiedliche Eigentümer haben. Dieses Ziel hätte sie bei der Novelle der Gasrichtlinie im Jahr 2008/2009 auch fast erreicht. Neben dem Ow-nership-Unbundling wurde auch das Modell eines unabhängigen Netz-betreibers (Independent System Operator (ISO)) von der Kommission als mildere Variante vorgeschlagen. Dabei sollen – analog zum Vorge-hen in den USA – die Netze mehrerer Unternehmen in eine neue, kom-plett unabhängige Netzgesellschaft eingebracht werden, auf deren Entscheidungen die bisherigen Netzbetreiber überhaupt keinen Ein-fluss mehr haben. Sie erhalten nur noch eine Rendite – und zwar auch nur dann, wenn der ISO gut gewirtschaftet hat. Diese beiden Modelle gingen der deutschen Bundesregierung, Frankreich, Österreich und fünf weiteren Staaten deutlich zu weit, so dass sie massiv auf einen sogenannten „Dritten Weg" drängten. Der Alternativvorschlag eines ITO (Independent Transmission Operator) wurde von Deutschland und Österreich gemeinsam entwickelt. Er sieht auch eine sehr strenge Trennung von Handel und Netz vor (eigene Gesellschaften, Unabhän-gigkeit des Personals, Investitionsentscheidungen fällt allein der Netz-betreiber etc.), aber weiterhin ist es möglich, den Netzbetreiber im Rahmen einer Holding zu behalten und zu konsolidieren. Dieses ITO-Modell fand schließlich Eingang als gleichwertige Alternative in die aktuelle Gasrichtlinie von 2009. Diese muss bis Frühjahr 2011 in das jeweilige nationale Recht aller Mitgliedstaaten umgesetzt werden.

Seit der ersten Gasrichtlinie von 1998 gelten die Zugangsregelun-gen zum Netz für alle Netzbetreiber (diskriminierungsfreier Netzzu-gang), während bei den Unbundlingregelungen zwischen Fernleitungs-unternehmen und Unternehmen auf der Stadtwerke-/Verteilerebene differenziert wird. Im derzeit geltenden Energiewirtschaftsgesetz von 2005 sind für die Fernleitungsstufe das buchhalterische, das organisa-torische/operationelle, das informatorische und das rechtliche Un-bundling vorgeschrieben. Gleiches gilt für die großen Stadtwerke/Ver-teilerunternehmen, während man aufgrund zu großer Bürokratie bei den Verteilern mit weniger als 100.000 Kunden auf das rechtliche und organisatorische Unbundling verzichtet wird.

Auch die neue Gasrichtlinie hält an dieser sogenannten „de-mi-nimis"-Schwelle fest. Konkret bedeutet dies, dass die überwiegende Mehrheit der deutschen Stadtwerke zwar unterschiedliche EDV-Systeme zwischen Handel und Transport sowie unterschiedliche Kostenträger- und Kostenstellenrechnungen verwenden müssen, aber durchaus noch eine gemeinsame Kantine betrieben werden kann. Dies ist bei Fernleitungsunternehmen schon lange nicht mehr der Fall. So haben inzwischen alle Netzbetreiber der deutschen Ferngasgesellschaften eigene Verwaltungsgebäude, einen eigenen Marktauftritt und eigene – vom Handel unabhängige – Dispatching-Zentralen.

Zusammenfassung:

- Erdgas wird mit hohem Druck – bis zu 100 bar –, den Verdichterstationen erzeugen, über lange Entfernungen von den Quellen zu den Abnehmerländern transportiert. Dazu werden sogenannte Ferngasleitungen genutzt, die den Venen und Arterien eines Körpers oder den Autobahnen beim Straßennetz gleichen.
- Ferngasleitungen haben einen Durchmesser von bis zu 1,5 Meter.
- Zur Sicherheit werden die Leitungen aus der Luft überwacht und „gemolcht". Außerdem wird dem ansonsten geruchlosen Gas ein Duftstoff beigemischt, so dass austretendes Gas sofort bemerkt werden kann.
- In Deutschland besteht die Gaswirtschaft aus drei Stufen: der Stufe der Produzenten, Importeure und Fernleitungsnetzbetreiber, der Stufe der Regionalversorger und den Stadtwerken.
- Aufgrund der Wettbewerbsvorgaben aus Berlin und Brüssel werden Netz und Handel/Vertrieb seit Ende der 90er Jahre immer stärker getrennt. Der diskriminierungsfreie Zugang zu den Netzen für jeden Dritten hat neben der Möglichkeit, parallele Leitungen zu errichten, zu einer deutlichen Intensivierung des Wettbewerbs beigetragen. In Deutschland wurde zunächst versucht, den Netzzugang Dritter durch Vereinbarungen zwischen Verbänden zu regulieren, aber inzwischen ist Deutschland – wie alle anderen europäischen Staaten – zum regulierten Netzzugang mit einer starken Regulierungsbehörde übergegangen.

10 Minuten Speicher: Sicher unter der Erde

Jan von Drathen, Gerrit Riemer

Im Gegensatz zu Strom, bei dem die Speicherung allenfalls in Batterien oder in Pumpspeicherkraftwerken indirekt und zu hohen Kosten erfolgen kann, ist bei Gas eine langfristige und direkte Speicherung möglich.

Diese wird aus vielfältigen Gründen vorgenommen: Am wichtigsten sind die Speicher zum Ausgleich der jahreszeitlich bedingten Verbrauchsschwankungen (saisonaler Ausgleich). Diese treten auf, weil etwa die Hälfte des in Deutschland verbrauchten Gases zu Heizzwecken verwendet wird und der Bedarf von der jeweiligen Außentemperatur abhängig ist. Auf der anderen Seite wird das Erdgas von den Produzenten gleichmäßig über das Jahr verteilt aus den Gasfeldern gefördert und durch die Röhren auf die Reise nach Europa geschickt. Daher werden die Erdgasspeicher eingesetzt, um einen Ausgleich zwischen dem gleichmäßigen Bezug und der schwankenden Nachfrage zu schaffen. Im Sommer, wenn wenig Gas verbraucht wird, werden die Speicher gefüllt, um im Winter genutzt werden zu können. Zusätzlich ist auch bei LNG eine Speicherung notwendig, um die LNG-Schiffe schnell entladen zu können, ohne das Pipelinenetz zu überlasten.

Neben dem saisonalen Ausgleich ist auch eine Strukturierung möglich, wenn kurzfristige Verbrauchsspitzen auftreten, die durch den normalen Gasfluss nicht abgedeckt werden können (Werktage/Wochenende, Tag und Nacht). Der Fachbegriff hierfür lautet: peak-shaving. Einen ganz wesentlichen Beitrag leisten Speicher aber auch im Hinblick auf die Versorgungssicherheit, indem mit den gespeicherten Gasmengen nicht vorhersehbare Ereignisse wie extreme Wetterbedingungen oder Störungen im Produktions-, Liefer- oder Durchleitungsprozess überbrückt werden können (z.B. beim Gaskonflikt zwischen Russland und der Ukraine im Winter 08/09). Eine gewisse Sicherheitsreserve wird ständig vorgehalten, um für derartige Vorkommnisse und Ausfälle gewappnet zu sein.

Durch die Errichtung eines Erdgasspeichers nahe der jeweiligen Verbrauchsregion kann zudem der Leitungsdurchmesser von Gasleitungen im Ferntransport kleiner ausgelegt werden, da die Leitung ohne Speicher auf die höchste vorkommende Verbrauchsrate ausge-

legt werden müsste. So trägt der Speicherbau dazu bei, die Leitungsin-
vestitionen zu verringern.

Von Poren und Kavernen

Die Ursprünge der Untergrundspeicherung liegen in Kanada, wo Erdgas bereits 1915 in alten ausgeförderten Gasfeldern gespeichert wurde.
1916 folgten die USA. In Europa wurden die ersten Untergrundspeicher
in den 1950er Jahren in Deutschland, Frankreich, Großbritannien gebaut.

   In Abhängigkeit von den regionalen geologischen Bedingungen
und den zu speichernden Mengen werden unterschiedliche Speicher-
techniken genutzt. Die beiden Hauptspeicherarten sind Poren- und
Kavernenspeicher. Bis in die 60er Jahre wurden in Deutschland hauptsächlich unter Atmosphärendruck betriebene Übertagespeicher (s.g.
Gasometer) verwendet, die allerdings keine großen Mengen aufnehmen konnten. Dann begann der Siegeszug der Untertagespeicher in
Form von Poren- und Kavernenspeichern. Gasometer sind heute –
wenn überhaupt noch vorhanden – wie in Oberhausen Museen und
Industriedenkmäler.

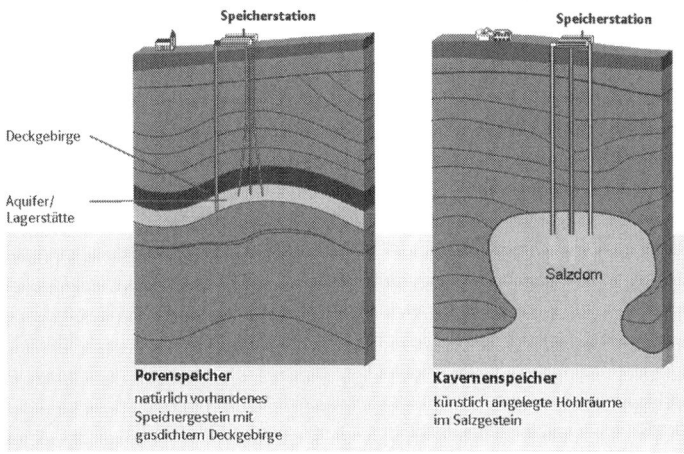

Speicherstation   Speicherstation

Deckgebirge

Aquifer/
Lagerstätte

Salzdom

Porenspeicher   **Kavernenspeicher**
natürlich vorhandenes   künstlich angelegte Hohlräume
Speichergestein mit   im Salzgestein
gasdichtem Deckgebirge

Eine Kaverne kann 87 Mio. m³ speichern (was in etwa 0,1% des deutschen Gasverbrauchs entspricht), während ein Gasometer wie der in Oberhausen nur 0,347 Mio. m³ aufnehmen konnte. Das bedeutet in Zahlen, dass man 250 Gasometer bräuchte, um dieselbe Menge Gas zu speichern wie in einer Kaverne. Oder – um bei dem bereits oben bemühten Vergleich zu bleiben – knapp zwei Hindenburg-Zeppeline (Gasometer) im Vergleich zu 435 Hindenburgs (Kaverne).

Porenspeicher: Da es sich um natürliche Höhlräume oder poröse Gesteinsformationen handelt, in die das Erdgas gepresst wird, spricht man allgemein von Porenspeichern. Zu den Porenspeichern gehören teilweise ausgeförderte ehemalige Gas- und/oder Öllagerstätten sowie sogenannte Aquifere. Dabei handelt es sich um Porenräume, die ursprünglich mit Wasser gefüllt waren, das durch eingepresstes Erdgas verdrängt werden kann. Grundsätzlich sind Porenspeicher dadurch gekennzeichnet, dass das Speichergestein porös und gasdurchlässig ist und gleichzeitig die darüber liegende undurchlässige Deckschicht und auch seitliche Begrenzungen sicherstellen, dass das gespeicherte Gas nicht entweicht. Das Gas wird schwammähnlich vom Gestein aufgenommen. Porenspeicher werden für die Speicherung großer Mengen Gas genutzt – sie kann man nicht „bauen", sondern muss sie finden. Porenspeicher haben eine geringe Abgabeleistung bei gleichzeitig großer Speichermenge (ab 0,5 Mrd. m³). Aufgrund dieser Eigenschaften werden sie hauptsächlich zum saisonalen Ausgleich eingesetzt.

Kavernenspeicher: Hierbei handelt es sich nicht um natürliche sondern um künstlich angelegte unterirdische Hohlräume im Salzgestein. Sie sind annähernd zylinderförmig und können Durchmesser bis 80 m und Höhen bis 400 m haben. Zum Vergleich: Der Kölner Dom ist 157 m hoch. Die Kavernenspeicher liegen hunderte von Metern unter der Erdoberfläche, im Idealfall um etwa 1000 m, im Extremfall bis zu 2.500 m.

Kavernenspeicher weisen im Vergleich zu den Porenspeichern eine meist sehr hohe Abgabeleistung bei verhältnismäßig geringem Arbeitsgasvolumen auf (bis 300 Mio. m³) und werden daher hauptsächlich zum Ausgleich der kurzfristigen Spitzenlasten verwendet. Bei dieser Speicherformation ist insbesondere eine hinreichend homogene und ausreichend dimensionierte Salzschicht in einer geeigneten Tiefenlage entscheidend. Wegen der hohen Erschließungskosten, Kosten für die Verbringung der Sole und der geringen Skaleneffekte (niedrigeren gespeicherte Menge) haben Kavernenspeicher deutlich höhere spezifische Kosten als Porenspeicher, trumpfen aber bei der Ausspeicherleistung und ggf. höheren Umschlagrate des nutzbaren Arbeitsgases.

Neben den Poren- und Kavernenspeichern in Salzformationen werden in geringerem Maßstab auch Hohlräume in Bergwerken und Felsformationen zur Speicherung von Erdgas genutzt. Die Speicherung in Felskavernen wird vor allem in solchen Regionen angewandt, in denen die geologischen Voraussetzungen für andere Typen von Untergrundspeichern nicht gegeben sind.

Das in Speichern eingelagerte Gas kann aber nicht zu 100% genutzt werden. Als Arbeitsgas wird die Menge an Gas bezeichnet, die in einem Speicherzyklus maximal ein- und ausgelagert werden kann, während das Kissengas immer im Speicher verbleiben muss, um den erforderlichen minimalen Druck aufrecht zu erhalten. Die Menge dieses technischen Gases ist zwischen den einzelnen Speicherarten sehr unterschiedlich: Während bei Kavernenspeichern der Kissengasanteil bei etwa einem Drittel liegt, beträgt er bei natürlichen Vorkommen (Porenspeichern) meist rund 50%, aber es sind auch Anteile von 80% möglich. Dieses Gas kann dann nicht verkauft werden und wird daher auch bei den Statistiken über die maximalen Speicherkapazitäten nicht berücksichtigt.

Wie sicher sind Speicher?

Mitte der 60er Jahre mussten die Bewohner der kleinen Gemeinde Knoblauch bei Ketzin, das zwischen Brandenburg und Potsdam gelegen ist, umgesiedelt werden, weil ein Untergrundgasspeicher undicht war und Gas entweichen konnte. Die gute Nachricht: Zum einen liegt dieses einmalige Vorkommnis schon lange zurück und, da Speicher größtenteils unterirdisch angelegt werden, kann Gas nicht völlig unkontrolliert an die Oberfläche gelangen. Speicher sind auch stabil: Sie müssen dem Druck von 600 bar standhalten, was in etwa dem Aufprall bei einem Flugzeugabsturz entspricht. Erdgas selbst kann nur dann explodieren, wenn es sich mit Sauerstoff vermischt und ein bestimmtes Mischungsverhältnis erreicht. In einen unterirdischen Gasspeicher, der sich zudem meist in Tiefen von 900 bis 1.600 Metern unter der Erde befindet, kann aufgrund der Tiefe und der Druckverhältnisse im Speicher keine Luft eindringen, so dass auch kein Sauerstoff-Gas-Gemisch entstehen kann. Unter der Erde wird und kann es also nicht rumpeln. Nach den Erfahrungen in Knoblauch wurden zusätzliche Sicherheitsmaßnahmen ergriffen: Sollte es im oberen Bereich einer Speicheranlage zu einer Beschädigung kommen, schließt sich in 50 Meter Tiefe automatisch ein „Untertagesicherheitsventil". Das Erdgas wird so abgeriegelt und kann nicht entweichen.

Europa, Deine Speicher

Deutschland ist mit etwa 45 Untergrundspeichern mit einer maximalen Kapazität von rund 20. Mrd. m³ (20 bcm) Gas sehr gut ausgestattet. Dies entspricht nämlich etwa einem Fünftel des nationalen Gasverbrauchs. Es folgten Italien mit etwa 14 bcm und Frankreich mit 11 bcm. Bei Italien entspricht dies 17% des nationalen Bedarfs, bei Frankreich ebenso wie bei Deutschland etwa einem Fünftel. Großbritannien hingegen verfügt nur über ein maximales Speichervolumen von gerade 4% des Gasverbrauchs, die Niederlande über 11%. Dies ist auf den Status dieser beiden Länder als Produzenten/Exporteure zurückzuführen, den Großbritannien allerdings seit einigen Jahren verloren hat. Daher setzt nun auch Großbritannien auf vermehrte Investitionen in Erdgasspeicher.

Im Durchschnitt konnten in der EU im Jahr 2010 18% des Bedarfs, also ca. 86 bcm gespeichert werden.

Dennoch ist aufgrund der europaweit in Zukunft ansteigenden Gasnachfrage für Importgas infolge der zurückgehenden Eigenproduktion klar, dass man sich nicht auf den getätigten Investitionen ausruhen kann, sondern zusätzliche Speicher errichtet werden müssen, um die Strukturierung und Besicherung der Bezüge weiterhin ermöglichen zu können. Die Prognosen des zukünftigen zusätzlichen Bedarfs schwanken derzeit zwischen rd. 15 bcm bis zu 35 bcm bis zum Jahr 2025 je nach erwartetem Gesamtgasbedarf.

Dies bedeutet aber auch Kosten für die Investitionen in Höhe von vielen Mrd. €, die nur getätigt werden, wenn die regulatorischen Rahmenbedingungen stimmen.

Die Gastankanzeige – wann sind die Speicher leer?

Während des russisch/ukrainischen Gaskonflikts im Winter 08/09 wurde oft die Frage gestellt, wie lange unsere Speicher noch zur Versor-

gung von Deutschland reichen. Die Antwort ist einfach: Es kommt
darauf an. Die mögliche Entnahmemenge von Gas aus Speichern ist
nicht konstant, sondern es kommt auf den Füllstand an. Somit ist die
Entnahmemenge sowie die Entnahmedauer vom Zeitpunkt einer möglichen Gaskrise abhängig. Um dies zu verstehen, kann man sich vereinfacht einen Speicher wie eine Luftmatratze vorstellen: Wenn man
versucht, die Luft aus einer aufgepumpten Luftmatratze heraus zu
lassen, wird man feststellen, dass dies am Anfang relativ leicht geht
und sehr schnell große Mengen Luft entweichen. Je weniger Luft sich
in der Matratze befindet bzw. je geringer der Druck wird, umso mehr
Aufwand ist erforderlich und umso länger dauert es, bis die restliche
Luft entweicht. Ähnlich stellt sich die Situation in einem Speicher dar:
Sinkt der Speicherfüllstand unter etwa 50% sinkt die maximal mögliche
Entnahmerate deutlich. Die Speicher werden zudem teilweise regional
eingesetzt und das jeweilige Leitungssystem in der Nähe von Ballungszentren ist darauf ausgerichtet. Aus einem Regionalspeicher in Hamburg wird man schwerlich München versorgen können.

Wegen dieses Effekts und der räumlichen Komponente ist es zu
kurz gegriffen, nur die veröffentlichte Zahl des durchschnittlichen
Füllstands aller deutschen Speicher zugrunde zu legen. Der durchschnittliche Füllstand deutscher Speicher von z.B. 67% ist daher nur ein
Indikator, wie viel Gas insgesamt vorhanden ist. Entscheidend ist, zu
welchem Zeitpunkt dieser durchschnittliche Füllstand verfügbar ist, um
die erwartbare Restwintermenge noch ausreichend strukturiert an die
Verbrauchszentren liefern zu können. Daher sind seitens des Staats
oder der Versorger Maßnahmen erforderlich, die zu bestimmten Jah-
reszeiten einen bestimmten Mindestfüllstand garantieren.

Speicherzugang: Wer darf ran?

Der Zugang von Unternehmen zu Speicherkapazitäten ist in Europa
sehr unterschiedlich geregelt: Laut geltender und neuer Gasrichtlinie
kann der jeweilige Mitgliedstaat zwischen einem verhandelten und
einem regulierten Speicherzugang wählen. Deutschland hat sich wie
viele andere Länder auch für den verhandelten Speicherzugang entschieden, wobei „verhandelt" nicht bedeutet, dass der Speicherbetreiber einem Interessenten die Buchung von Kapazitäten zur Einlagerung von Gasmengen einfach verweigern kann. Nach dem Energiewirt-

schaftsgesetz haben die Betreiber anderen Unternehmen den Zugang zu „angemessenen und diskriminierungsfreien technischen und wirtschaftlichen Bedingungen zu gewähren, sofern der Zugang für einen effizienten Netzzugang im Hinblick auf die Belieferung von Kunden technisch oder wirtschaftlich erforderlich ist." Der Gesetzgeber stellt also einen Zusammenhang zwischen Netz- und Speicherzugang her, aber nur, sofern technisch und wirtschaftlich erforderlich. Damit sind strategische Speicher ausgeschlossen. Der Zugang darf nur verweigert werden, wenn der Betreiber nachweist, dass ihm „der Zugang aus betriebsbedingten oder sonstigen Gründen nicht möglich oder nicht zumutbar ist."

In Österreich, Frankreich und Dänemark ist der Zugang ebenfalls verhandelt. Andere Staaten wie Belgien, Italien und die Niederlande haben sich für regulierte Systeme entschieden, bei denen die Regulierungsbehörden auch den Zugang regeln.

In Deutschland haben sich Unternehmen und Politik bisher gegen eine Regulierung des Zugangs ausgesprochen, da sich der Speichermarkt in Deutschland im Wettbewerb entwickelt hat. Dies zeigt sich vor allem daran, dass so viele Unternehmen wie sonst nirgendwo in Europa Speicher besitzen und anbieten (über 25) und sich die Speicher zum großen Teil gar nicht im Eigentum der Betreiber befinden, sondern von diesen auch gemietet wurden. Daher werden Speicher in Deutschland nicht zu den „essential facilities" gezählt, da sie im Wettbewerb untereinander sowie zu anderen nicht regulierten Flexibilitätsinstrumenten stehen. Außerdem ist es jedem Unternehmen in Deutschland möglich, eigene Speicher zu bauen oder zu mieten, was die zahlreichen derzeitigen Ausbauprojekte belegen.

Unterschiedliche Auffassungen bestehen auch zum Thema der Tarife, die die Speicherbetreiber für die Einlagerung von Gas verlangen können. Während sich Deutschland auch hier für verhandelte Tarife ausgesprochen hat, deren Kalkulation aber von der Bundesnetzagentur kontrolliert werden kann, legen in anderen europäischen Ländern die Regulierungsbehörden von vornherein die Tarife fest, so dass es sich um ein reguliertes Geschäft handelt.

Strategische Speicher

Eine in der Öffentlichkeit immer wiederkehrende Diskussion – insbesondere im Winter und bei drohenden Gaskonflikten – dreht sich um den Sinn und die mögliche Notwendigkeit strategischer Speicher. Unter strategischen Speichern werden Mengen verstanden, die für den Notfall gelagert werden und dem Markt nicht zur Verfügung stehen. Dadurch kann u.a. eine Vorsorgeregel für den Markt entfallen, zu welchem Zeitpunkt bestimmte Speichermengen für den Restwinter vorgehalten werden sollten/müssten. Als Vergleich wird dann der Ölmarkt herangezogen, bei dem nach einem Schlüssel der Internationalen Energie Agentur (IEA) bestimmte Ölmengen zur Krisenvorsorge gelagert werden müssen. Ein vergleichbarer Mechanismus für Erdgas existiert seitens der IEA nicht.

Bei der Entscheidung über strategische Speicher ist die spezifische Situation des Landes hinsichtlich der Marktgröße, der Gasbeschaffung (Bezugsportfolio, Umfang der Eigenproduktion) ebenso zu untersuchen, wie Art und Umfang der Gasverwendung (Absatz vorwiegend zur Wärme- oder Stromerzeugung) und der Umfang der bereits bestehenden Speicher. Zum anderen müssen die regionalen, geologischen und geografischen Gegebenheiten in die Entscheidung einbezogen werden.

Was bedeutet das nun genau? Die Erfahrungen einiger EU-Mitgliedstaaten, die ein Bevorratungskonzept praktizieren, zeigen, dass strategische Speicher u.a. bei sehr hoher Importabhängigkeit und einem hohen Anteil von Gas am Primärenergieverbrauch bzw. Endenergieverbrauch für bestimmte Fälle durchaus gerechtfertigt sind. So haben sich u.a. Italien und Ungarn für ein strategisches Speicherkonzept entschieden. Dies gilt aber nur, sofern die geologischen Bedingungen für ausreichend große und kostengünstige Speichermengen vorhanden sind. Sobald der Gasbedarf aber eine bestimmte Größenordnung übersteigt, wären so große strategische Reserven anzulegen, dass sie entweder die geologischen und /oder ökonomischen Möglichkeiten i.d.R. übersteigen. Dann macht es eher Sinn, die Speicherkapazitäten möglichst effizient, unter Beachtung der Vorhaltungsreserve zu bestimmten Zeitpunkten im jahreszeitlichen Verlauf marktwirtschaftlich zu betreiben.

Die EU hat daher bei der geltenden Versorgungssicherheitsrichtlinie für Erdgas bewusst auf eine Verpflichtung der Mitgliedstaaten zur

Errichtung einer strategischen Reserve verzichtet. Bevor die Diskussion zur Novellierung dieser Richtlinie startete, hat die Kommission 2008 eine Studie bei Ramboll zum Thema Strategische Speicher in Auftrag gegeben, die zum selben Ergebnis kam wie die IEA in ihrem Gas Market Review: „Die Vorratshaltung bei Gas ist mit höheren Kosten, weniger Flexibilität und weniger Effizienz als bei der Ölbevorratung verbunden. Und ihre Entwicklung oder mögliche Entwicklung sollten kommerzielle Speicherinvestitionen nicht unterminieren." Für die Kommission waren insbesondere die deutlich höheren Kosten (vier bis acht mal so hoch wie die strategische Ölspeicherung) der Grund, auf den Vorschlag strategischer Speicher auch in der neuen Versorgungssicherheitsrichtlinie von 2010 zu verzichten.

Verursacht werden diese deutlich höheren Kosten durch mehrere Effekte:

- Gas kann nicht in großen Mengen – wie Öl – oberirdisch gespeichert werden, sondern muss unter großem Energieaufwand in Untergrundspeicher gepresst werden, deren Investitionskosten sehr hoch sind.
- Für eine kurzfristige Ausspeisung im Krisenfall muss im Speicher ein hoher Druck aufgebaut werden, was aber nur mit einem hohen Anteil von – unwirtschaftlichem und daher teurem - Kissengas möglich ist. In der Konsequenz bedeutet dies, dass 30-80% mehr Gas eingelagert werden muss, als die Menge, die als strategische Reserve zur Verfügung stehen soll.
- Außerdem muss im Gegensatz zu Öl, das in Tankwagen beliebig transportiert werden kann, beim Gasspeicher eine entsprechend dimensionierte Anbindungsleitung errichtet werden.

Politik und Wirtschaft lehnen wegen der hohen Kosten und der Unsicherheiten darüber, wer diese zu tragen hätte, eine strategische Erdgasreserve für Deutschland ab.

Anders als bei Öl bezieht Deutschland sein Gas zum größten Teil aus politisch sehr stabilen Regionen (ca. 15% aus heimischen Quellen, rund 20% aus den Niederlanden und mehr als 30% aus Norwegen, Dänemark und UK). Mit derzeit sechs Lieferländern ist Deutschland eines der Länder mit der stärksten Diversifizierung der Lieferquellen.

Das übrige zur Verfügung stehende Instrumentarium zur Bewältigung von Versorgungsstörungen (Lieferflexibilitäten mit den Produzenten, bilaterale Liefer- und Tauschabkommen zwischen den deutschen Gasversorgern, unterbrechbare Lieferverträge zu günstigen Konditionen mit Kunden die dies wünschen, zunehmende Spotmengen, Integration der Märkte) haben großes Gewicht. Dies hat die Bewältigung des ukrainisch-russischen Konflikts gezeigt, bei dem durch alle o.a. Instrumente zusammen nicht nur die Versorgung aller deutschen Kunden aufrecht erhalten werden konnte, sondern es möglich war, zusätzlich noch sechs weitere europäische Staaten mit Erdgas zu versorgen.

Deutschland weist, wie oben beschrieben, bereits heute das größte Erdgasspeichervolumen in Europa auf. Dennoch müssen zur zukünftigen Sicherung der Versorgung weitere Speicher errichtet werden. Durch eine staatliche Reserve würden die bereits geplanten oder projektierten Speicherprojekte (rd. 5 Mrd m^3 bis 2015 in Deutschland) aufgrund von Verunsicherung der potentiellen Investoren und möglicher Investitionszurückhaltung negativ beeinflusst. Im deutschen Gasmarkt unterliegt der Erdgaspreis aufgrund des zunehmenden Spothandels immer stärkeren Schwankungen. Je größer aber der Preisunterschied zwischen Winter- und Sommerpreisen ausfällt, umso attraktiver sind Investitionen in Erdgasspeicher, um vom Marktgeschehen profitieren zu können. Diesen Wettbewerb und die freie Preisbildung am Spotmarkt könnte eine staatlich verordnete Reserve verfälschen und damit die benötigten Investitionen in Speicher be- oder gar verhindern. Ursache hierfür könnte ein strategisches Verhalten der Händler aufgrund von Erwartungen an die Freigabe der Reserve sein. Außerdem würden Speicher für eine strategische Reserve in Konkurrenz zu marktwirtschaftlich errichteten Speichern gebaut und damit die Möglichkeit der Speicherbetreiber reduzieren, ihre Kapazitäten in Deutschland, aber auch im Ausland zu vermarkten. Dies gilt auch cross border, also wenn ein Land strategische Speicher unterhält, ein anderes aber nicht, wobei die Märkte miteinander verbunden sind.

Eine verpflichtende Gasbevorratung könnte dazu führen, dass die Verantwortlichkeiten der Versorger für die Sicherstellung der Versorgung ihrer Kunden konterkariert werden, was wiederum zu stärkerer Regulierung führen könnte.

Letztlich würde eine staatliche Vorgabe für Speicher das eingespielte Gefüge im deutschen Instrumentenmix durcheinanderbringen und falsche Anreize für den Markt setzen.

Wettbewerb auf dem Speichermarkt

In der Vergangenheit war der Speichermarkt durch abgegrenzte Märkte und Wettbewerber sehr regional ausgeprägt. Durch die Liberalisierung des Gasmarktes ist hier viel in Bewegung gekommen. So ist zunehmend zu beobachten, dass länderübergreifend Kapazitäten in Speichern gebucht und zahlreiche unterschiedliche Speicherprodukte angeboten werden (unterbrechbare Verträge, kurzfristige Verträge, flexible Einkaufsmöglichkeiten, virtuelle Speicher etc.). Hauptursache hierfür sind neben den geänderten gesetzlichen Rahmenbedingungen in Europa der zunehmende Wettbewerb auf den Märkten, die deutlich zunehmende Durchleitung von Gasmengen Dritter sowie eine deutlich gestiegene Handelstätigkeit an den europäischen Gashubs (EEX, Baumgarten, NBP, ZEE, TTF ect.).

Deutschland wird zunehmend europäische Drehscheibe auf dem Speichermarkt. Neben den „Etablierten" treten zahlreiche neue Marktteilnehmer auf (Trianel, Nuon, EnBW, Gazprom Germania) und errichten bzw. buchen neue Speicher und betreiben diese. Dies ist vor allem auf die oben beschriebene zunehmende Gasnachfrage bei sinkender europäischer Produktion zurück zu führen.

Auf der für den Sekundärhandel eingerichteten Handelsplattform für Speicherkapazitäten in Deutschland zeigt sich eine deutliche Zunahme des Handels mit Sekundärkapazitäten und damit eine Intensivierung des Wettbewerbs. Die Kritik am Wettbewerb auf dem deutschen Speichermarkt ist heute weitestgehend ausgeräumt: So stellte die Monopolkommission in ihrem Sondergutachten von 2009 fest, dass grundsätzlich die Voraussetzungen für die Etablierung eines Speicherwettbewerbs in Deutschland gegeben sind. Gleichzeitig forderte sie aber auch die Ausweitung der Veröffentlichungspflichten für Speicherfüllstände ebenso wie Auktionierung von Kapazitäten in Kombination mit dem Use-it-or-lose-it-Prinzip. Doch zuvor und seitdem hat sich bereits viel in diesem Segment getan, was nun seine Wirkung trägt. Der Abbau von Engpasskapazitäten durch Speicherzubau sowie die Erfüllung der Transparenzanforderungen und Marktregeln hat zu frei verfügbaren Kapazitäten und einen intensiven Wettbewerb um Speicherkunden ausgelöst, der u.a. zur Entwicklung von neuen Speicherprodukten und Services führte. So attestierte die Bundesnetzagentur in ihrem Monitoringbericht 2010 dem deutschen Speichermarkt eine grundsätzlich wettbewerblich ausgelegte Struktur, so dass zusätzliche Regulierungsmaßnahmen in Deutschland obsolet sind.

Im Zusammenhang mit dem Gashandelsmarkt in Europa zeigt sich eine immer enger werdende Verzahnung zwischen physischen Speicherkapazitäten und der Beschaffung von Gas über Handelsmärkte. Hierbei hält der Speicher letztendlich die Schlüsselrolle, die gehandelten Marktmengen für den eigentlichen Konsum gebrauchsfähig zu machen, da mittels des Speichers die Verbrauchsschwankungen innerhalb eines Tages ausgeglichen werden können.

Die zunehmend integrierten europäischen Handelsmärkte bieten neben der erhöhten Preishomogenität auch aufgrund des größeren Netzes einen Portfolioeffekt, mit dem man die Verbrauchsschwankungen besser ausgleichen kann. Insofern werden verstärkt virtuelle Speicher angeboten, die auch Flexibilitätsverträge genannt werden und die physisch durch ein System aus Speichern, Netzen und Gasfeldern abgebildet werden können. Das wiederum hat einen entspannenden Effekt auf die Speichernachfrage

Zusammenfassung

- Im Gegensatz zu Strom, der direkt zur Produktion verbraucht wird, kann Erdgas zur Abdeckung von Bedarfsspitzen oder aus Versorgungssicherheitsaspekten gespeichert werden.
- Dies geschieht hauptsächlich in Kavernen- und Porenspeichern. Porenspeicher (zumeist ausgeförderte Gas- oder Ölfelder oder Aquifere) werden zum saisonalen Ausgleich eingesetzt, während die deutlich teureren, künstlich angelegten Kavernenspeicher (Hohlraum) sehr kurzfristig „entladen" werden können und daher zumeist zur Abdeckung von Spitzennachfragen eingesetzt werden.
- Aufgrund ihrer Lage tief unter der Erde und der Sicherheitsanforderungen sind Erdgasspeicher sicher.
- Deutschland ist in Europa am besten mit Speichern versorgt (ca. 20% des Erdgasverbrauchs kann gespeichert werden). Dann folgen Frankreich und Italien.
- Deutschland hat sich für den verhandelten Speicherzugang entschieden, da es sich beim Speichermarkt um einen Wettbewerbsmarkt handelt, auf dem jeder Interessent Speicher bzw.

Speicherkapazitäten bauen, mieten oder vermieten kann. Dies
geschieht immer stärker auch grenzübergreifend.

- Einige europäische Staaten setzen auf strategische Speicher,
  wobei konkrete Vorgaben zur Menge des „für den Notfall" gespeicherten Gases gemacht werden. In Deutschland hingegen stellen Speicher nur ein Instrument innerhalb einer ganzen Palette eines Instrumentenbündels zur Gewährleistung von Versorgungssicherheit dar: Neben den Speichern sind hier vor allem eine Diversifizierung der Quellen und Routen, flexible Verträge mit den Produzenten sowie abschaltbare Kunden (die dem im Voraus zustim-
  men und dafür einen geringeren Gaspreis zahlen) zu nennen.

10 Minuten Markt und Preise: Billiger mit mehr Wettbewerb?

Jan von Drathen, Gerrit Riemer, Stefan Ulreich

Markt/Historie/Welt

Marktplätze für Gas existieren aus einem sehr einfachen Grund: Es gibt Regionen, die mehr Gas produzieren, als sie verbrauchen – diese liefern Gas an Regionen mit geringerer Gasförderung. Durch Handel werden also Ungleichgewichte beseitigt. Weitere Grundvoraussetzung für den Handel ist die Infrastruktur zur An- und Ablieferung des Erdgases, sowie zu dessen Speicherung: Erst dadurch können eine Vielzahl von Produzenten und Verbrauchern am gleichen Marktplatz handeln und Gas physisch austauschen.

Die typische Entwicklung eines Handelsplatzes beginnt oft mit einer direkten Pipeline, um Gas vom Produzenten zum Verbraucher zu transportieren. Je nach Verbrauchsverhalten oder Produktionsmöglichkeiten möchten Produzenten oder Verbraucher gerne mehr Flexibilität in die Geschäftsbeziehung einbringen und nehmen weitere Geschäftspartner auf. Diese können dann fehlende oder überschüssige Gasmengen ausgleichen. Hierzu wird den neuen Geschäftspartnern Zugang zur Pipeline gewährt.

Im Handel spricht man dann von Netznutzungsrechten: Sie bilden die rechtliche Grundlage dafür, dass die Marktteilnehmer die Mengen transportieren können. Weist der Marktplatz ausreichende Umsätze mit interessanten Geschäftsmöglichkeiten auf, sind auch andere Pipelinebetreiber interessiert, daran angeschlossen zu werden, um damit die Nutzung ihrer Infrastruktur zu verbessern. So kommt es zu Pipeline-Zusammenschlüssen, die dann ein Netz bilden. Das gleiche gilt für Erdgasspeicher, die die Flexibilität eines Handelsplatzes erhöhen. Somit entsteht im Zeitverlauf ein eng verknüpfter regionaler Markt. Die Zeitskalen für diese Entwicklung sind definiert durch Planung, nationale Genehmigungsverfahren und Bauzeiten für Transportinfrastruktur.

Dieses Verhalten ist vergleichbar mit einem Gemüsegroßmarkt, wo ein Händler seine überschüssigen Tomaten verkauft und Gurken für den Weiterverkauf vom besten Anbieter abkauft. Kann er die Gurken nicht sofort abtransportieren, so kann er sie in einem Gemüselager deponieren und am nächsten Tag verkaufen. Dadurch können wesentlich mehr Geschäfte abgeschlossen werden, als wenn das Angebot und die Lieferbedingungen durch fehlende Marktteilnehmer oder Lager eingeschränkt sind.

Diese vereinfachte Darstellung des Gasmarktes soll das Verständnis für die Entstehung von vollkommenen Märkten verdeutlichen und wie lange es braucht, bis sich ein Markt unter vollständiger Konkurrenz gebildet hat. Denn die Grundannahme des freien Marktzugangs für viele Teilnehmer, bei denen Anbieter und Verbraucher keine marktbeherrschende Stellung innehalten, entsteht nicht über Nacht. Aus anderen Industrien kennen wir, wie lange der Staat eine bestimmende Rolle hielt. Sprachlich erinnert die Berufsbezeichnung des Bank-, Post- oder Bahnbeamten noch daran. Dagegen war die Gasindustrie stets ein internationales Geschäft und privatwirtschaftlich organisiert. Da die Geschäftsrisiken für einzelne Unternehmen in der Regel zu groß waren, hatte man Joint Ventures oder Konsortien gebildet, die die sehr großen und langfristigen Investitionen tragen konnten. Dass unter solchen Bedingungen und unter Berücksichtigung der Importabhängigkeiten zunächst kein vollständiger Markt zustande kommen kann, liegt auf der Hand. Denn der bildet sich erst, wenn ein Marktplatz mit der notwendigen Infrastruktur zu günstigen Preisen zur Verfügung steht.

Gerade bei neuer Infrastruktur besteht ein Interesse an langfristigen Verträgen, die sowohl dem Gasförderer als auch dem Gasnutzer Sicherheit in Bezug auf gelieferte Menge und Preise gaben. Die hohen Investitionen in das europäische Fernleitungssystem in den 1960er und 1970er-Jahren waren daher erst durch Langfristverträge möglich.

Bis in die 1980er-Jahre war die Transportinfrastruktur für Transporte aus dem Mittleren Osten so teuer, dass Erdgas als Nebenprodukt der Ölförderung abgefackelt wurde. Geringere Transportkosten zusammen mit höheren Marktpreisen für Erdgas haben die Situation jedoch geändert. Die noch relativ hohen Transportkosten, die einen Kostenanteil zwischen 10% und 20% vom Vertragswert ausmachen, führen allerdings immer noch zu einer geographischen Fragmentierung des Weltmarktes. Dieser lässt sich grob in Amerika, Europa/Afrika/Eurasien und Asien/Ozeanien/Mittlerer Osten aufteilen. Durch verflüssigtes Erdgas (auch Liquified Natural Gas genannt und LNG abgekürzt) findet gegenwärtig nur eine geringe Preisoptimierung zwischen dem atlantischen und dem pazifischen Markt statt – erst weitere Kostensenkungen beim LNG-Transport werden diese Märkte enger aneinander knüpfen. Erste Anzeichen einer solchen Preisoptimierung sind bereits erkennbar und gewinnen an Gewicht, sobald die LNG-Infrastruktur ausreichend ist, um hier einen Preiseffekt erkennen zu lassen. Die Marktplätze in Amerika sind durch kurzfristige Lieferverträge charakterisiert, die übrigen Marktplätze weisen größtenteils langfristige, ölindexierte Lieferverträge auf.

Bevor sich also ein wirklicher Handelsplatz vergleichbar zu dem vorhergenannten Gemüsegroßmarkt entwickelt, muss die Lieferkette aus Förderung, Transport, Lagerung, Mengenaustausch zum Endverbraucher und die Abrechnung aufgebaut sein. Die Dauer eines solchen Aufbaus richtet sich nach der Amortisation der einzelnen Infrastrukturinvestition, die mehrere Jahrzehnte dauern kann. Der Gasmarkt ist zwar schon älter, aber hat sich erst in den 70er Jahren wirklich entwickelt. Die damaligen Investitionen hatten keinen kurzfristigen Wechsel zwischen Lieferanten erlaubt, weil keine weiteren Wettbewerber das hohe Investitionsrisiko eingegangen sind. Erst mit der Liberalisierung durch das neue EnWG erhöhte sich die Anzahl der Gasanbieter. Es trat die Situation auf, dass in Deutschland und Europa Wettbewerb eingeführt wurde, was zu sinkenden Margen und einer Zersplitterung der Nachfrage führte, während die Anzahl der Produzenten nicht wuchs. So lag bis weit ins neue Jahrhundert ein Nachfragermarkt vor, bei dem konkurrierende Unternehmen sich zu hohen Preisen bei den Produzenten eindecken mussten und aufgrund der geringeren Menge, über die sie verhandelten, auch keine wesentlichen Preiszugeständnisse erzielen konnten. Diese Situation hat sich erst durch die gestiegene Marktdurchdringung von LNG und unkonventionellem Gas geändert.

Ein Gasmarkt unter vollständiger Konkurrenz hat einen Preismechanismus für das kurzfristige Angebot und die Nachfrage. Die Mehrheit des zur Verfügung stehenden Gasvolumens wird über den Markt gehandelt, damit aufgrund der vielen Transaktionen eine statistische Verlässlichkeit das Vertrauen in einen fairen Preis schafft. Diese wesentliche Vorrausetzung wird auch Marktliquidität genannt. Mangelnde Liquidität beobachtet man noch in vielen Gasmärkten, weswegen es notwendig war, eine Alternative zur Preisfindung zu wählen. Marktteilnehmer hatten sich auf die Ölpreisbindung geeinigt. Im weiteren Verlauf wird die Diskussion um das Für und Wider zur Beibehaltung der Ölpreisbindung detaillierter betrachtet.

Erfahrungswerte zeigen, dass sich Märkte nur langsam von der Ölpreisbindung hin zum Markt unter vollständiger Konkurrenz entwickeln. Diese Entwicklung war zunächst am US-amerikanischen Gasmarkt zu beobachten.

Der bekannteste US-amerikanische Handelsplatz ist der sogenannte Henry Hub: der Endpunkt der Sabine-Pipeline von Texas nach Louisiana. An die Pipeline angeschlossen sind dreizehn weitere Pipelines. Mehrere dieser Pipelines sind mit Gasspeichern verbunden. Insgesamt können damit rund 3% des täglichen US-amerikanischen Verbrauchs transportiert werden. Wer mittels finanzieller Terminkontrakte seine Gasmengen absichern möchte, nutzt dafür Futures der NYMEX (New York Mercantile Exchange), die sich auf einen möglichen Lieferort am Henry Hub beziehen. Der Handel funktioniert dann ähnlich wie im bekannten Film Trading Places mit Eddie Murphy und Dan Akroyd von 1984, die statt Gas gefrorenen Orangensaft handeln. Über das letzte viertel Jahrhundert sind allerdings die Handelsprozesse elektronisch automatisiert und die Missbrauchsregeln ausgeweitet worden, so dass von einer anfälligen finanziellen Scheinwelt nicht mehr gesprochen werden kann.

Vergleichbar zum Henry Hub ist der NBP (National Balancing Point) in Großbritannien. Dabei ist ein Gasnetzwerk als virtueller Lieferort definiert worden, in das man irgendwo an einem Entry-Point einspeisen und an einem Exit-Point ausspeisen kann. Aber auch dieser virtuelle Lieferort (auch virtueller Handelspunkt genannt) basiert auf vorhandener Transport- und Speicherinfrastruktur. Diese Verrechnung der freiwählbaren Ein- und Ausspeisemengen findet im Rahmen eines vom jeweiligen Netzbetreiber definierten Entry/Exit-Modells statt und wird in Europa zunehmend angewandt. In Zukunft werden diese nationalen virtuellen Handelspunkte zu einem europäischen Markt zusammenwachsen. Diese Entwicklung erkennt man heute schon an den Pipelineverbindungen im nordwesteuropäischen Gasmarkt, die bereits die wesentlichen virtuellen Handelspunkte miteinander verbinden. Eine Sonderrolle spielt der spanische Markt, der nahezu vollständig mit LNG versorgt wird und eine in sich geschlossene Transportinfrastruktur hat. Es ist nur eine Frage der Zeit bis auch dieser ans französische Netz und somit an das mitteleuropäische Netz angeschlossen wird.

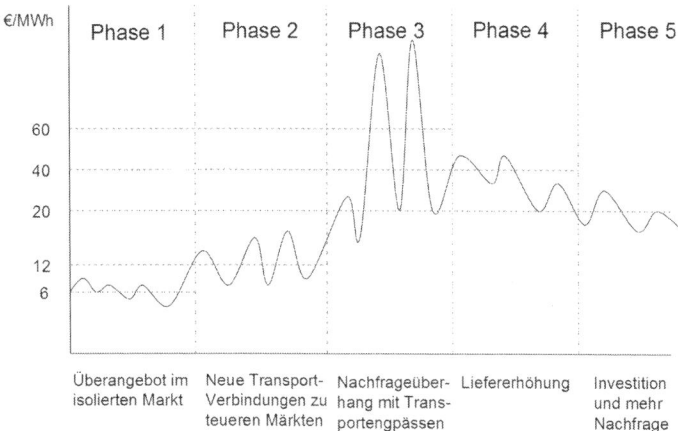

Quelle: Eigene Erstellung zum englischen Gasmarkt von 1990 bis 2025

Die Entwicklung des englischen Gasmarktes hat in Europa eine Vorrei-
terrolle eingenommen, an der man mögliche Vor- und Nachteile für das
übrige Europa erkennen kann. An diesem Beispiel lassen sich auch die
typischen Phasen einer Marktentwicklung aufzeigen:

Phase 1: Überangebot auf einer isolierten Insel (1990 bis 1997)
Phase 2: Anbindung Englands an das kontinentale Gasnetz bei steigen-
dem Ölpreis (1997 bis 2003)
Phase 3: Nachfrageüberhang führt zu außergewöhnlichen Preisspitzen
(2003 bis 2006).
Phase 4: Kapazitätsüberhang führt zu Tiefstpreisen zwischen 2007 und
2015, die bislang im Jahr 2009 erreicht wurden.
Phase 5: Investitionen und hohe Nachfrage (2016 bis 2025)

In der Phase 2 wurde viel in eine verbesserte Pipeline-Infrastruktur
investiert, da die Preiserwartungen für Gas ausreichend hoch waren.
Die Umsetzung der Investitionen dauerte noch weit bis in Phase 3. Das
führte zu einem Nachfrageüberhang mit historisch hohen Preisausschlägen. Diese Phase wird so lange andauern, bis das neue Angebot in
den Markt fließt und die Unterversorgung, bedingt durch die versie-
genden englischen Gasfelder, kompensiert. Phase 4 und 5 sind dabei

die Erwartungen an den weiteren Verlauf. Der wird vor allem geprägt von einer stetigen Reduktion einheimischer Förderung und einer stärkeren Hinwendung zu Importen, sowohl über Pipelines als auch per LNG.

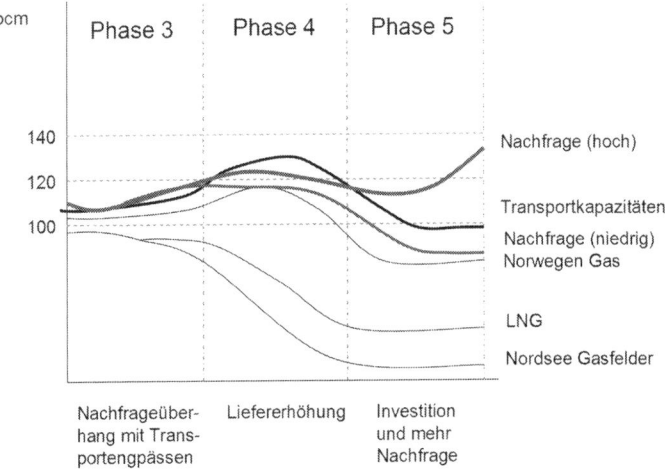

Quelle: Eigene Erstellung zur Analyse des Angebots und der Nachfrage in UK

Händler betrachten aktuell den englischen, holländischen und belgischen Gasmarkt als liquide. Eine Messgröße hierfür ist, wie oft das Gas gehandelt wird, bis es beim Endverbraucher ankommt: Im englischen Markt wird z.B. Gas siebzehnmal gehandelt, bevor es für die Heizung, zum Kochen oder im Kraftwerk verwendet wird. Der sehr hohe Wert rührt daher, dass im englischen Markt wesentlich weniger langfristige Verträge abgeschlossen werden. Der deutsche Gasmarkt zeigt deutlich niedrigere Liquidität, holt aber stark auf, was auch am Umsatzwachstum an der EEX sichtbar wird. Die Handelsumsätze an der EEX stiegen deutlich an: Im Spotmarkt wurden mit über 15 TWh mehr als viermal so viel gehandelt wie 2009, im Terminmarkt mit über 30 TWh etwa zweieinhalbmal so viel wie 2009.

Der hohe Verknüpfungsgrad der europäischen Märkte führt zu sehr hohen Korrelationen zwischen den einzelnen Marktplätzen, d.h. die Preisbewegungen verlaufen im Wesentlichen parallel. Der niederländische Markt korreliert zu 93% mit dem NBP, der deutsche Gasmarkt zu 88%. Mit 49% deutlich schwächer korreliert der italienische Gasmarkt mit dem NBP, da hier neben Pipelinegas auch LNG eine wesentliche Rolle spielt.

Für viele wird der Handelsmarkt mit der Börse gleichgesetzt, so wie wir es vom Aktienmarkt her kennen. Zusätzlich zur Börse gibt es aber noch den bilateralen Handelsmarkt oder „Over-The-Counter" (OTC) Markt. In der Regel ist hier das Handelsvolumen wesentlich höher als an der Börse, weil Preis und Volumen freier verhandelbar sind und vor allem eine höhere Produktvielfalt herrscht. Für den Hausgebrauch hat sich das Internet-Portal eBay an diese Vorgehensweise angelehnt. Es gibt die Auktion, die auch durch die Fernsehwerbung „1-2-3-Meins" bekannt und vergleichbar mit dem Kassamarkt der Aktienbörse ist. Oder man klickt beim Anbieter auf Direktkauf, bei dem man sich das Bieten der Auktion erspart, was dem OTC Markt entspricht. Ein Direktkauf wie bei eBay wird auch auf Börsen angeboten und wird kontinuierlicher Handel genannt.

Vergleichbar zum Gemüsegroßmarkt werden im Gashandelsmarkt auch die Mengen physisch ausgeliefert. Da es aber im Gasmarkt auch nur reine Händler gibt, die sich auf die Preisänderungen konzentrieren und nicht auf die Gas-Logistik, hat sich für diese Spekulanten der finanzielle Markt gebildet. Das heißt, es werden nur Ausgleichszahlungen zwischen Einkaufs- und Verkaufspreis gemacht, da die Spekulanten am Ende weder Gas beziehen noch weitergeben.

Da finanzieller Markt und physischer Markt aneinander gekoppelt sind, können auch mehr Teilnehmer mehr Gas handeln. Dadurch steigt die Liquidität des Gasmarktes und erlaubt einen Gleichgewichtspreis, basierend auf Angebot und Nachfrage. Solche Märkte müssen sich erst noch in den verschiedenen Regionen entwickeln. Dies erfordert immer noch ein Umdenken in der Gasförderung und Beschaffung. Die neuen Handelsmarktverträge werden erst geschlossen, wenn genügend Vertrauen in einen funktionierenden Marktmechanismus vorhanden ist. Erst wenn diese Alternative zur Ölpreisbindung ausreichend Vorteile für die Förderungs- und Beschaffungsseite aufzeigt, werden zunehmend mehr Marktteilnehmer auf den Handelsmarkt zurückgreifen. Diese natürliche Entwicklung sollte durch Rahmenbedingungen der Politik gefördert werden, etwa für den Aufbau eines verbundenen europäischen Gasnetzes mit ausreichend Transportkapazitäten. Am Beispiel Großbritannien ist gut erkennbar, wie sich aus einer Engpasssituation 2007 mit extremen Preisausschlägen innerhalb von 2 Jahren ein Markt entwickelt hat, der durch ausreichende Verbindungen zu verschiedenen Gasbezugsquellen einen funktionierendes Gleichgewicht zwischen Angebot und Nachfrage zu fairen Preisen erzeugt. Großbritannien greift nämlich durch eine direkte Anbindung auf Quellen in Norwegen und indirekt auf Quellen in Russland über die beiden Pipelines von Belgien und der Niederlande sowie LNG Bezugsquellen zurück.

Inwieweit sich bei kürzeren Planungshorizonten und ausreichend Angebot auf den Gashandelsmärkten ölpreisgebundene Gasverträge behaupten können, bleibt abzuwarten.

Der Preismechanismus oder: Wo findet man den richtigen Preis?

Die beiden Haupteinflussfaktoren für die Gaspreise sind Temperatur und der Ölpreis. In letzter Zeit erkennt man weitere Einflussfaktoren, die durch den Strommarkt ausgelöst werden.

Die Saisonalität der Gaspreise ergibt sich aus der temperaturbedingten Nachfragesteigerung im Winter, da Gas vornehmlich zum Beheizen von Haushalten eingesetzt wird. Die starke Abhängigkeit des Gasverbrauchs von den Temperaturen zeigt sich auch beim Vergleich zwischen harten und milden Wintern. Erdgasspeicher können derartige Preisschwankungen mindern, allerdings nur bei vertretbaren Speicherkosten.

Die starke Temperaturabhängigkeit der privaten Gasnachfrage führt auch dazu, dass die Gaspreise bei kurzfristigen Lieferverträgen eine hohe Volatilität aufweisen: Jede Frostankündigung der Wettervorhersage führt sofort zu höheren Marktpreisen. Wenn diese Preissteigerung auch direkt beim Endverbraucher in den Heizkosten deutlich wird, werden die Kostenvorteile teurer Dämmmaßnahmen für energieeffizientere Wohnungen offensichtlicher.

Der Einfluss des Ölpreises ergibt sich aus den abgeschlossenen Verträgen zwischen Produzenten, die vornehmlich Ölmultis sind, und den Verbrauchern. Historisch bedingt haben die Ölmultis die Vertragsmodalitäten bestimmt und eine ölpreisbasierte Preisformel als Preisreferenz gewählt, weil es ja damals in den 70-ern noch keinen Gasmarkt gab.

Starken Einfluss auf die Nachfrage nach dem Primärenergieträger Gas hat aber auch die wirtschaftliche Entwicklung. Nachdem zunächst während der Wirtschaftskrise ein moderater Rückgang des Gasverbrauchs zu verzeichnen war, ist aufgrund der Entscheidungen zum Kernenergieausstieg in Deutschland davon auszugehen, dass der Gasverbrauch aufgrund des politisch gewünschten Zubaus von Gaskraftwerken in den nächsten Jahren steigen wird.

Der Gasmarkt ist nicht losgelöst von anderen Energiemärkten – es existieren enge Verknüpfungen zu anderen Märkten und deren Preisen:

- **Strommarkt**: Regionen mit hohem Anteil von Gaskraftwerken an der Stromerzeugung wie z.B. im nordwesteuropäischen Strommarkt (D, F, Benelux) oder im englischen Strommarkt weisen eine starke Abhängigkeit der Gaspreise von den Strompreisen auf. In Zeiten hoher Nachfrage nach Strom folgt auch der Gaspreis. Eine stärkere Nutzung von Gas bei der Stromerzeugung, z.B. klimapolitisch gefordert als Ersatz für Kohlekraftwerke, wird derartige Wechselwirkungen verstärken.
- **Ölmarkt**: Auch in Marktregionen ohne Ölpreisbindung weisen Gas und Öl eine starke Korrelation bei den Preisbewegungen auf. Der Ölmarkt ist generell ein Leitmarkt für Energierohstoffe, zudem gibt es Anwendungen, in denen Öl oder Gas verwendet werden kann.
- **Emissionsrechtemarkt**: Eine Möglichkeit, den CO_2-Ausstoß zu verringern, stellt der Brennstoffwechsel von Kohle zu Erdgas dar, vorausgesetzt der bestehende Kraftwerkspark erlaubt dies. Ein steigender Gaspreis bei unverändertem Kohlepreis macht den Brennstoffwechsel teurer, konsequenterweise steigt der CO_2-Preis. Der Effekt wurde vor allem im Frühjahr und Sommer 2005 deutlich: Die Erdgaspreise in England verteuerten sich drastisch. Zum einen als Folge steigender Ölnotierungen, zum anderen als Folge von Panikkäufen, da die englischen Gasfelder geringere Förderung aufwiesen. Dadurch verteuerte sich ein Brennstoffwechsel von Kohle zu Gas in England deutlich, die CO_2-Marktpreise zogen europaweit an.

Dazu kommen Preisbildungsfaktoren durch die unterschiedlichen Gasförderkosten aus den möglichen Lieferfeldern, Engpässe bei der

Produktion, Versorgung mit LNG oder auch Nachfrageschwankungen. Letztlich führt das dazu, dass die Marktpreise für Gas je nach Marktsituation dominante Haupteinflussfaktoren für Preise sind – während andere Einflüsse zwar vorhanden sind, aber nur noch schwach im Hintergrund wirken.

Wettbewerbsentwicklung

Der deutsche Gaspreis setzt sich im Wesentlichen aus drei Komponenten zusammen: Steuern und Abgaben (ca. 28%), Beschaffung/Import (ca. 35%), Transport, Verteilung und Vertrieb (ca. 37%). Da Steuern, Abgaben, Transport und Verteilung reguliert sind, ist der Anteil der Wettbewerbskomponente relativ gering. Damit können Preisvorteile bei optimierter Beschaffung zwar an die Endkunden weitergereicht werden, der preisliche Wettbewerb ist jedoch eingeschränkt. Allerdings gibt es gerade bei Haushaltskunden einen nicht nur preislichen Wettbewerb. Auch andere Gründe haben dazu geführt, dass die Wechselraten der Haushaltskunden gestiegen sind: Bereits 2009 hatten 23% den Anbieter oder den Tarif gewechselt (Stand September), Ende 2007 lag dieser Wert noch bei 11%.

Ausblick in die Zukunft

Die Ausweitung von LNG wird über kurz oder lang zu einem globalen Gasmarkt führen und dadurch wird sich der Wettbewerb verschärfen. Während Europa sich bislang einzelner Liefergebiete relativ sicher sein konnte, führt die zunehmende Nachfrage aus den USA, China und Indien zu verstärkten Exporten in diese Länder. Unlängst wurde auch eine Pipeline zwischen Russland und China in Betrieb genommen, die deutlich macht, dass sich das größte Produzentenland stärker in Richtung Fernost orientiert.

Da die globale Nachfrage nach Gas als weiterhin steigend erwartet wird, erhöht sich damit auch die Macht der Produzentenländer. Umso wichtiger wird es sein, große europäische Firmen zu haben, die über ein ausreichend großes Absatzportfolio verfügen.

Dabei hilft die europäische Marktintegration mit dem Ausbau der innereuropäischen Pipelines. Mittels einer verbesserten Anbindung

Südeuropas an den mitteleuropäischen Markt kann ein großer Absatzmarkt geschaffen werden, der für die Produzenten unverzichtbar ist. Ein zu stark segmentierter europäischer Gasmarkt mit zu vielen Einzelinteressen macht neue Investitionsprojekte in Europa wenig attraktiv, aufgrund fehlender Skalenerträge im Vergleich zum einfacheren Export nach China.

Die Handelsaktivitäten an den meisten europäischen Gashandelsplätzen haben sich erfreulich entwickelt. Sicherlich ist noch einiges zu tun, um eine vergleichbare Liquidität wie am englischen NBP zu erreichen, aber die stärkere Zusammenarbeit einiger Gashubs (z.B. zwischen Frankreich und Deutschland) zeigt, dass hier der richtige Weg eingeschlagen wurde.

Ein großer europäischer Markt bietet dabei mehrere Vorteile:

- Die Versorgungssicherheit kann durch Diversifizierung bei den Erdgasquellen erhöht werden, da neben Importen aus Russland und Norwegen auch verstärkt auf LNG zugegriffen werden kann. Als Beispiel sei hier der russisch-ukrainische Gaskonflikt von 2008/2009 genannt. Das europäische Pipeline-Netz und die europäischen Gashändler konnten seinerzeit die sichere Gasversorgung in Ost-Europa garantieren.
- Es entsteht ein „level-playing-field": Durch die Preisoptimierung beim Handel entsteht auf dem Großhandelsmarkt ein homogenes Preisniveau. Daher haben alle europäischen Kunden – abgesehen vom Transport – das gleiche Kostenniveau. Wettbewerbsverzerrungen werden damit unterdrückt.
- Je grösser ein Marktgebiet, desto besser lassen sich regionale Verbrauchsschwankungen ausgleichen und somit extreme Preisschwankungen vermeiden. Dieser Portfolioeffekt wird durch den Zugriff auf überschüssige Erdgaskapazitäten, sowohl im Pipelinesystem und in Speichern, erreicht.

Ölpreisbindung: Fluch oder Segen, das Für und Wider oder das Hin und Her?

In der öffentlichen und politischen Diskussion war das Für und Wider der Ölpreisbindung emotional aufgeheizt. Man hörte in den letzten

Jahren immer wieder die Frage: „Warum sind die Gaspreise eigentlich an die Ölpreise gekoppelt? Das ist doch nur eine Abzocke durch die Gasversorger, die die Gaspreise an die hohen Ölpreise binden wollen." Diese Einschätzung ist recht neu, denn seit das Erdgas Mitte der 70er Jahre nach Europa geliefert wurde und der Ölpreis bei ca. 10 US-$ lag, war die Ölpreisbindung kein öffentliches Thema.

Trotzdem hat der Bundesgerichtshof (BGH) im März 2010 ein Urteil gesprochen, das zu mehr Transparenz beim Gaspreis führen soll. In dem konkreten BGH-Fall hatten die Rheinenergie AG und die Stadtwerke Dreieich Gaspreise an die Preise für extra leichtes Heizöl gekoppelt, die monatlich vom Statistischen Bundesamt veröffentlicht werden. Das Gericht beurteilte diese Preisänderungsklausel als Benachteiligung für die Kunden. Unzulässige Profite seien möglich, weil mögliche Kostensenkungen bei Netz und Vertrieb nicht berücksichtigt würden. Und: Die Versorger müssten die Kosten transparent darstellen. Prinzipiell untersagten die Richter eine Koppelung an den Ölpreis nicht. Die Unternehmen müssten auch planen und kalkulieren können, so die Richter. Als alleinige Grundlage taugt die Bindung an den Ölpreis nach dem BGH-Urteil jedoch nicht.

Um gleich noch mit einem weiteren Vorurteil gegenüber der Ölpreisbindung aufzuräumen: Die Kopplung des Gaspreises an den Ölpreis ist auf privatwirtschaftlicher Basis zwischen den Lieferländern und den Importeuren ausgehandelt worden und nicht staatlich verordnet. Dennoch haben die Bundesregierungen gleich welcher Couleur (Rot/Grün oder Große Koalition) in den letzten Jahren die Ölpreisbindung stets als sinnvolles Instrument verteidigt. Auch Verbraucherschützer stimmen im Grundsatz der Ölpreisbindung zu. So sagte Holger Krawinkel, Energieexperte bei Verbraucherzentrale Bundesverband e. V. am 10. Juni 2008 – also zur Hochphase der Gaspreise – gegenüber der Financial Times Deutschland: „Ich glaube nicht, dass eine Entkopplung den Gaspreis für die Verbraucher merklich nach unten drücken würde. Auch in Ländern ohne Preisbindung hat sich Gas merklich verteuert."

Die Produzenten hatten ein großes Interesse an der Ölpreisbindung und es ist nicht abzusehen, dass sie sich hiervon lösen wollen. Bei der Erschließung von Feldern treten sehr oft Öl und Gas gleichzeitig auf und es ist aus Produzentensicht nicht sinnvoll, sich mit zwei Produkten selbst Konkurrenz zu machen. Denn Erdgas steht in fast allen Anwendungsbereichen in Konkurrenz zu Erdöl: Im Verkehr, im Wärmemarkt – und zu einem geringen Anteil – auch noch bei der Stromerzeugung. Deutschland ist heute zu etwa 85% abhängig von ausländischen Gaslieferungen. Um den Markt für Erdgas in Europa in den 1960er Jahren zu erschließen, drängten die Produzenten auf die Ölpreisbindung, um ihre Investitionen abzusichern und gleichzeitig zu verhindern, dass bei günstigen Gaspreisen der Ölabsatz einbricht. Die Produzenten setzten darauf, dass Erdgas in keinem Anwendungsbereich deutlich teurer sein durfte als Öl (hauptsächlich leichtes Heizöl und mit abnehmender Tendenz schweres Heizöl), aber auch nicht deutlich günstiger. Erdgas wird in Deutschland vor allem zur Erzeugung von Raumwärme im Bereich der privaten Haushalte, des Handels und Gewerbes sowie als Prozessenergie in der Industrie eingesetzt. Hier war zu Beginn der Gasversorgung das Öl der Hauptkonkurrent. Heute sind es aber eher die neuen Konkurrenzenergien auf dem Wärmemarkt (Holzpellets, Stromwärmepumpen). Daher sprechen die Gasversorger lieber von Wettbewerbspreisbindung oder „anlegbaren Preisen" (an Öl) als von Ölpreisbindung.

Aber nicht nur für die Produzenten war und ist die Kopplung des Gaspreises an den Ölpreis sinnvoll, sondern auch für die Kunden: Um angesichts der hohen Lieferabhängigkeit von wenigen Produzenten nicht preislicher oder politischer Willkür ausgesetzt zu sein, ist es auch für die Abnehmer/Kunden positiv, wenn die Produktpreise an die vom globalen Wettbewerb bestimmten Heizölpreise gebunden sind. Hier hat kein einzelner Marktteilnehmer die Macht, Preise einseitig bestimmen zu können. Diese Bindung hat Erdgas über Jahrzehnte wettbewerbsfähig gehalten und letztlich die Industrie und die Haushalte geschützt. Dies gilt ganz ähnlich wie für Deutschland auch für andere importabhängige europäische Nationen wie Frankreich oder Italien. Und auch in den Gaswirtschaften, die aufgrund ihres Produzentenstatus keine vertragliche Ölpreisbindung kennen, wie zum Beispiel in Großbritannien und den USA, folgt der Gaspreis mittelfristig den Entwicklungen am Ölmarkt, aber mit deutlich stärkeren Preisausschlägen.

Der Ölpreis war und ist für den Weltkohle- und Welterdgasmarkt die „Leitwährung". Dies konnte man im Jahr 2008 gut beobachten, wo der Weltkohlepreis im Gefolge der Ölpreisrallye ebenfalls um etwa 60 Prozent stieg. In diesem Zeitraum stieg auch der Gaspreis um 100 Prozent. Auch die Internationale Energieagentur hat in ihrem World Energy Outlook von 2007 darauf verwiesen, dass die Ölpreise die „Energieleitwährung" bleiben werden: „Oil prices are expected to remain the main driver of energy prices generally, through interfuel competition and price indexation clauses in some long-term gas contracts."

Deutschland als Energieimportland (ca. 60% der insgesamt in Deutschland verbrauchten Energie wird aus dem Ausland bezogen) kann sich nicht von den Entwicklungen auf den internationalen Energiemärkten abkoppeln. Gleichzeitig hat der deutsche Verbrauch, der lediglich 3% des weltweiten Energieverbrauchs beträgt, keinen nennenswerten Einfluss auf die Weltmarktpreise für die Energieträger.

Wie eingangs schon gesagt, trägt der Importeur das Volumenrisiko und der Kunde das Preisrisiko. Deswegen steht die Koppelung zwischen Erdgas- und Erdölpreis in engem Zusammenhang mit den langfristigen Lieferverträgen mit sogenannten Annual Consumption Quantity oder Minimum-Pay Bedingungen. Dabei verpflichten sich die Gasabnehmer für eine Mindestmenge zu bezahlen. Der Charakter der Verträge gibt sowohl den Gasförderern als auch den Pipelinebetreibern die Garantie für eine fest definierte Mindestgasmenge und sichert dadurch die Wirtschaftlichkeit für langfristige Investitionen. Diese Verträge sind typisch für gasimportabhängige Länder und damit für weite Teile Europas. Sogar in Großbritannien wurden langfristige Verträge abgeschlossen, seit sich das Land zu einem Nettoimporteur entwickelt hat. Auch zukünftig werden langfristige Gasversorgungsverträge eine wichtige Rolle spielen, zumal wesentliche Produzenten wie Gazprom oder Sonatrach darauf nicht verzichten wollen.

Die Vertragsverhältnisse zwischen den Teilnehmern der Lieferkette sind so angelegt, dass jeder Marktteilnehmer versucht, sich innerhalb seiner Wertschöpfungskette von den Preisschwankungen im Öl unabhängig zu machen, indem die Preisbindung an die nächste Stufe weitergereicht wurde. Bricht man diese Kette auf und fixiert man die Preise anders, kommt es zu einem Ungleichgewicht. Hierbei könnten einige Marktteilnehmer erhebliche Verluste erwirtschaften.

Die Preise werden mittels der vertraglichen Ölpreisformel geglättet und zeitverzögert angesetzt. Diese Anpassung der Großhandelspreise für Großkunden und Weiterverteiler erfolgt anhand der sogenannten „3-6-1" Regel[2]. Für den Januar bedeutet das zum Beispiel: Um

---

[2] Die Glättungsformel variiert und muss deswegen immer gesondert in den Verträgen definiert werden. Wichtig ist die Zeitspanne der historischen Preise zur Durchschnittspreisermittlung (im Beispiel 6 Monate). Die Zeitverzögerung bis der neue Preis einsetzt (Zeit zwischen letzten Tag des Durchschnittspreis und Preisgültigkeit; im Beispiel 1 Monat) und Dauer des neuen Preises (im Beispiel 3 Monate).

die Gaspreise für die 3 Monate Januar bis März zu kalkulieren, nimmt man den durchschnittlichen Heizölpreis der 6 Monate Juni bis November des vorangegangen Jahres und die Anpassung erfolgt mit einem Monat Verzögerung, also zum 1. Januar.

Preisanpassungen auf der Import- und Großhandelsstufe hingegen sind in mehrjährigen Verträgen nach mathematischen Formeln berechnet und quartalsweise fixiert. Sie erfolgen quasi automatisch, aber die Vertragspartner (Produzenten und Importeure) haben natürlich die Möglichkeit die Verträge nachzuverhandeln. Können sie sich nicht einigen, enthalten alle langfristigen Verträge sogenannte Schiedsgerichtsklauseln, in denen sich beide Vertragspartner auf eine Schiedsgerichtsstelle einigen, deren Urteil sie sich dann im Streitfall auch beugen.

Die Preisformeln auf Großhandelsseite müssen letztlich auch an die Bezugsformeln angepasst sein, die sich dann in den Verträgen für die Industriekunden, Stadtwerke und Händler fortsetzen. Im Gegensatz zu den vorher genannten Marktteilnehmern, die auch generell einer quartalsweisen Preisanpassung unterliegen, haben Gasvertriebe mit Haushaltskundengeschäft keine automatischen Anpassungen. Sofern sich an den Ölpreisen nicht viel geändert hat, verzichten die Unternehmen auch auf Preisanpassungen, so dass der Gaspreis für die Endkunden meist nur ein bis zweimal im Jahr geändert wird. Dadurch ergibt sich eine weitere Glättung der Preise. Jedes Unternehmen mit Endkunden kalkuliert seine Preise individuell und nimmt dementsprechend mit Blick auf die Wettbewerbssituation auch zu unterschiedlichen Zeitpunkten die Preisanpassungen vor. Dies führt immer zu großer Aufregung in den Medien, wenn 70 Versorger die Preise erhöhen, der Rest dies aber nicht tut. Zum einen ist dies ein Zeichen von Wettbewerb und dafür, dass zwischen Versorgern keine Preisabsprachen stattfinden, zum anderen müssen alle Marktteilnehmer gestiegene oder gesunkene Beschaffungskosten irgendwann weitergeben. Je später dies geschieht, umso größer sind dann die Preisausschläge.

Ebenso konnte man im Preisverlauf den Wechsel der Handelsmarktpreise hin zu einem günstigeren Niveau als dem ölpreisgebundenen Erdgas im September 2006 erkennen. Diese Preisbeziehung wechselt jedoch in kurzfristigen Abständen, sodass keine eindeutige Aussage mehr gemacht werden kann, welcher Preis nun der teurere ist. Entgegen der allgemeinen Meinung, dass die Ölpreisbindung nur eine Einbahnstraße ist, kann dies durch die Preisbeobachtung nicht bestätigt werden. In Zukunft wird es weiterhin jeweils abwechselnd höhere Preise für „Ölpreis"-gebundenes oder „Handelsmarkt"-Gas geben.

Bei der Diskussion des Für und Wider der Ölpreisbindung sind im Folgenden die wesentlichen Elemente der vorhergehenden Diskussion zusammengefasst.

Gegen die Ölpreisbindung werden folgende Argumente vorgebracht:

- Die Erdölreserven nehmen ab, so dass Erdölpreise auf absehbare Zeit weiter steigen werden. Die Gasreserven reichen jedoch wesentlich länger. Damit wird die Knappheit beim Öl auf eine nicht vorhandene Knappheit beim Gas übertragen.
- Der Ölpreis ist stark von politischen Ereignissen determiniert und Spekulationen der Finanzinvestoren ausgesetzt, was zu höheren Preisausschlägen führt.
- Die historischen Gründe für die Preiskopplung sind nicht mehr gegeben, da Heizöl den Brennstoffmarkt nicht mehr bestimmt, sondern Erdgas den Wärmemarkt dominiert.
- Öl wird zu 80% für den Transport eingesetzt und zum geringeren Teil für Wärme. Eine Zweckentfremdung in der Preisreferenzierung kann zu ungewünschten gesamtwirtschaftlichen Fehlsteuerungen führen.

Für die Ölpreisbindung spricht jedoch:

- dass die europäischen Kunden keiner willkürlichen Preisfestsetzung der wenigen außereuropäischen Produzenten ausgesetzt sind (keine Auswirkung einer möglichen Gas-OPEC),
- Preisentwicklungen bei Öl nach unten auch den Gaskunden zugutekommen,
- durch die Glättung der Preise (wenige Preisanpassungen im Jahr) die Kunden vor zu hohen Preisschwankungen geschützt werden,
- Förderkosten für Gas und Erdöl im Wesentlichen die gleichen sind,
- dass aktuelle Bewertungsregime in Europa für Beschaffung und Vertrieb die Ölpreisbindung favorisiert.

Beim ersten Argument für die Ölpreisbindung gilt es natürlich zu beachten, dass hier Gasexporteure eine exakt gegenteilige Meinung zu den Gasimporteuren haben: Für erstgenannte ist die zu erwartende

Knappheit beim Öl, ein sehr starker Grund, die Ölpreisbindung nicht aufzugeben. Dieser Punkt wird also nur dadurch gelöst werden können, dass der Produzentenmacht eine adäquate Nachfragemacht entgegengesetzt werden kann.

Die großen europäischen Gasversorgungsunternehmen zusammen liegen dabei mit einem Absatz von ca. 5300 TWh in einer Größenordnung im Vergleich zu wesentlichen Produzentenländern wie Russland (ca. 6120 TWh), Norwegen (876 TWh) oder Algerien (845 TWh). Damit erreichen sie in etwa eine gleiche Augenhöhe bei Vertragsverhandlungen. Allerdings steigt der Gasverbrauch in anderen Regionen der Welt deutlich an, so dass sich die europäischen Unternehmen in einem zunehmend globalen Wettbewerb um Gas befinden.

Bezüglich einer Abkehr von der Ölpreisbindung könnte sich diese erst in den nächsten Jahren eher durch ein Umdenken aller Vertragspartner einstellen. Die Gaslieferverträge sind langfristig auf bis zu 20 Jahre abgeschlossen, in denen eine Preisanpassungsklausel einen gewissen Verhandlungsspielraum erlaubt. Im Gashandel stellen die ölpreisformelgebundenen Verträge den Hauptteil der Gasversorgung. An den Handelsmärkten werden die Restmengen dieser langfristigen Verträge gehandelt und stellen somit die angebotene Menge dar. Je nach Käufer- oder Verkäufermarkt folgen die Preise den unterschiedlichen Gesetzmäßigkeiten. Liegt ein Nachfrageüberhang vor, folgen die Preise eher der Ölpreisformel als Referenz, weil dadurch der Verkäufer seinen Absatz kostendeckend gestalten kann. Dieses Marktgefüge war bis Mitte 2007 zu beobachten. Danach konnte man mehr Gasmengen sehen, die den Markt erreichten. Es stellte sich langsam aber sicher ein Angebotsüberhang ein, was dazu führte, dass sich eine neue Preisabhängigkeit einstellte: Ölpreisgebundes Gas wurde teurer als Spot-Markt Gas. Dieses Spot-Gas verdrängt die teurer gehandelten ölpreisgebundenen Restmengen. Der Spot-Gas-Preis stieg auch wenig, da ausreichende Mengen LNG den Gaspreis in Europa drücken. Es bleibt abzuwarten, ob nicht – wie in der Vergangenheit zu beobachten – der Gaspreis mittelfristig dem Ölpreis folgt. Und das bislang auch auf Märkten ohne vertraglich fixierte Ölpreisbindung.

Zusammenfassung

- Bis Ende der 90er Jahre war der „Marktplatz" für Erdgas an die Infrastruktur gebunden. Es haben sich im Wesentlichen drei regionale Handelsplätze heraus gebildet: Nordamerika, Europa, Asien.

- Diese Märkte wachsen durch die Zunahme des LNG-Anteils, das mit Tankern weltweit vertrieben werden kann, in jüngster Vergangenheit immer stärker zusammen. Dies hat auch Auswirkungen auf die Preise, die sich nicht mehr so stark wie in der Vergangenheit an den Ölpreisen oder den Temperaturschwankungen zwischen Sommer und Winter orientieren werden.

- Das Zusammenwachsen der Märkte hat in Europa bereits zu einer starken Preiskongruenz an den jeweiligen Erdgasbörsen geführt. Ein echter Binnenmarkt für Energie ist zwar noch nicht endgültig erreicht, aber die Zahlen zeigen, dass sich Europa auf dem richtigen Weg befindet.

- Der Ölpreis war und ist die Leitwährung für Energie (Gas, Kohle etc.) auf dem Weltmarkt. Die Produzenten, die zumeist Öl und Gas produzieren, haben ein Interesse daran, beide Energieträger absetzen zu können und verlangen daher weiterhin eine Ölpreisbindung in ihren privatwirtschaftlichen Verträgen mit den Importeuren. Die Ölpreisbindung ist keine Einbahnstraße nach oben, sondern vollzieht auch Preissenkungen nach und „glättet" Preisentwicklungen zum Vorteil der Kunden, die ansonsten mit stark variablen Preisen zu kämpfen hätten. Bei der Ölpreisbindung wird mit einem Zeitverzug von einem halben Jahr die Entwicklung der Ölpreise (nicht das absolute Niveau) nachvollzogen, was zu dieser o.a. Glättung führt. Außerdem stellt die Ölpreisbindung einen Schutz vor einer möglichen „Gas-OPEC" dar, bei der die Verbraucher den wenigen weltweiten Produzenten noch stärker hinsichtlich der Preis- und Mengengestaltung ausgeliefert wären.

- Dennoch ist die Ölpreisbindung für die Gaswirtschaft kein Dogma. Es zeigt sich zur Zeit, dass ein immer größerer Anteil an Spotgas (kurzfristig frei werdende Mengen) auf den Markt kommt, dessen Preis sich ebenso kurzfristig auf Basis von derzeitigem Angebot und derzeitiger Nachfrage bildet. Ob sich dieser Trend verstärken wird wie in den 90er Jahren in UK (damals waren 90% der Verträge spotpreisgebunden) oder sich die Ölpreisbindung der Langfristverträge letztlich durchsetzt, werden die nächsten Jahre zeigen.

10 Minuten Downstream: Für was Gas alles gut ist

Thomas Kästner, Andreas Kießling

Mit dem französischen Ingenieur Philippe Lebon d'Humbersin beginnt die Nutzung von Gas in der Neuzeit: Am 21. September 1799 bekam er ein Patent für die so genannte „Thermolampe" – aus der Kohlevergasung gewonnenes Leuchtgas befeuerte diese Gaslaterne. Sie war der Startschuss für beleuchtete Städte, Wohnungen und Industriebetriebe ab dem beginnenden 19. Jahrhundert. Das Leucht- oder Stadtgas wurde dann auch zum Heizen verwendet – in Berlin wurde gar erst 1996 die letzte Stadtgas-Heizung abgestellt. Den Einsatz von Gas zu Heizzwecken, in der Industrie, zur Stromerzeugung und im Verkehrssektor revolutionierte in Deutschland das Erdgas-Röhren-Geschäft in den 70er Jahren, das den Bezug russischer Produktion über Pipelines ermöglichte.

Seither ist Erdgas mit einem Anteil 48,5% (2008) zur Nr. 1 beim Heizen in Privathaushalten geworden. Allerdings unterscheidet sich international betrachtet die heutige Verwendung von Gas stark nach kulturellen Traditionen, wirtschaftlichen Strukturen und geografischen Besonderheiten. Denn im Gegensatz zur wichtigen Rolle von Erdgas in Deutschland, verfügt zum Beispiel Schweden nur über ein Gasnetz von 250 km Länge (Deutschland dagegen ca. 380.000 km). Dafür zählt Kochen mit Gas in Deutschland eher nicht zum Standard – in nur etwa 10% der Haushalten wird mit Erdgas gekocht. In Italien oder Frankreich dagegen werden die kulinarischen Köstlichkeiten meist auf einer Hitzequelle zubereitet, die mit Gas befeuert wird. In Irland wiederum werden 50% des Stroms durch Gaskraftwerke erzeugt, während in einem der größten Erdgasförderländer – nämlich Norwegen – der inländische Gasverbrauch kaum eine Rolle spielt. Strom wird dort aufgrund der besonderen geologischen Gegebenheiten fast ausschließlich durch Wasserkraft erzeugt – und geheizt wird auch häufig nur mit Strom.

Der Weltverbrauch von Erdgas steigt seit den 1960er Jahren relativ linear an und beträgt heute im Jahr etwa 3 Billionen m^3 oder 3.000 bcm oder 30.000 TWh, wobei die geografische Verteilung sehr unterschiedlich ist. Weltmeister im Verbrauch ist das kleine arabische Emirat Katar. Dort wurden im Jahr 2008 über 25.000 m^3 pro Kopf konsumiert. In Deutschland, wo die Erdgasnachfrage in den letzten Jahren entgegen des globalen Trends eher zurückging, werden etwa 1.000 m^3 pro

Einwohner verbraucht – in Schweden sogar nur 109 m³. In absoluten Zahlen sind die USA die größten Nachfrager von Erdgas mit einem Anteil von 22% am Weltverbrauch, gefolgt von Russland mit 13,9%. Abgeschlagen folgen dann der Iran mit 3,9%, Kanada mit 3,3% sowie Großbritannien und Japan mit je 3,1%. In Deutschland wird 2,7% des weltweiten jährlichen Verbrauchs konsumiert.

Die Einsatzgebiete der verschiedensten Formen von Gas sind also vielseitig: Es wird verwendet zur Wärmeerzeugung in Heizungssystemen von Haushalten und für Prozesswärme in Industriebetrieben, es wird bei der Stromproduktion verfeuert und treibt Omnibusse, LKWs und Autos an.

Der Löwenanteil an Gas wird dabei an die Industrie abgesetzt (2008: 39%), gefolgt von den Haushalten (30%), den Kraftwerken (14%) sowie dem Bereich von Gewerbe, Handel und Dienstleistungen (12%) und schließlich der Fernwärme (5%). Die Mobilität spielt dabei mit 0,2% eine untergeordnete Rolle. Im Zeitverlauf ist aber zwischen den Einsatzbereichen eine deutliche Verschiebung festzustellen: Insbesondere der Anteil der Haushalte am Gasabsatz nimmt aufgrund von Energieeinsparmaßnahmen, modernen Geräten sowie verbesserter Heiz- und Dämmtechnik spürbar ab. Ebenso geht der Anteil der Industrienachfrage zurück. Dagegen steigt der Absatz von Gas für Kraftwerke zur Stromerzeugung, und da vor allem in Anlagen mit Kraft-Wärme-Kopplung (KWK).

2009 sank aber der Erdgasabsatz infolge der Wirtschaftskrise spürbar ab. In Deutschland ging er laut Arbeitsgemeinschaft Energiebilanzen um 5,5% zurück, wobei dieses Minus vor allem auf die Industrie und die Stromerzeugung zurückzuführen war. Zum ersten Mal in einer Krise schlug die Rezession auch ganz massiv auf den Energiesektor durch. Haushaltskunden nahmen aufgrund der kalten Temperaturen zu Jahresbeginn sogar etwas mehr Erdgas ab. Auch stieg der relative Anteil von Erdgas am Primärenergieverbrauch leicht auf 21,7% an (Mineralöl 34,6%, je etwa 11% Steinkohle, Braunkohle und Kernenergie, 9% Erneuerbare).

Wärme: Gas in Haushalten und in der Wirtschaft

Das „erdgasvollversorgte Haus" war eine Vision der Branche – und tatsächlich lässt sich Erdgas im Haushalt für viel mehr Bereiche ver-

wenden als nur für Kochen und Heizung. Die Warmwasserbereitung ist
mit Erdgas deutlich preiswerter als mit Strom. Warmes Wasser wiederum kann die Dauer von Spül- und Waschprogrammen um 10 bis 25
Prozent verkürzen und dadurch den Stromverbrauch signifikant sen-
ken. Voraussetzung sind aber Haushaltsgeräte, die für Warmwasseran-
schluss geeignet sind. Es gibt Erdgas-Wäschetrockner, bei denen sich
nur die Trommel mit Strom dreht, die Wärme aber mit einer Gasflam-
me erzeugt wird. Die Vorteile liegen klar auf der Hand: Er ist nicht nur
schneller, sondern verursacht auch weniger Energiekosten als ein rein
strombetriebenes Modell. Ein 4-Personen-Haushalt, der 250mal im Jahr
den Trockner laufen lässt, könnte dadurch bis zu 100 Euro sparen.
Nicht zuletzt ist die Klimabilanz des Erdgastrockners in der Regel besser als die seines Elektrokollegen, wenn sich auch diese mit dem An-
stieg an CO_2-freier Stromerzeugung stetig verbessern wird. Dennoch
ist der Verbreitungsgrad sehr gering. Voraussetzung für die Nutzung
eines Erdgastrockners ist nicht nur der Anschluss ans Gasnetz, sondern
auch die Verlegung entsprechender „Erdgassteckdosen", die dann
aber noch weitere Erdgasnutzungen ohne lästigen Tausch von Gasfla-
schen erlauben. Hierzu zählt der Gasgrill, der das feine Grillgut scho-
nender und auf gesündere Art erhitzt als ein Holzkohlegrill – dafür mag
der Erdgasvariante vielleicht das Flair archaisch-männlicher Nahrungs-
bereitung fehlen.

Ob das „erdgasvollversorgte Haus" in Deutschland als große Zu-
kunftsvision realisiert werden kann, ist trotz dieser Vielfalt an Down-
stream-Anwendungen fraglich. Der Grund dafür liegt in der Zukunft
des Kernbereichs der Haushaltsanwendung von Erdgas, dem Heizen.
Denn einerseits geht die Entwicklung in den letzten Jahrzehnten weiter hin zur Gasheizung, andererseits kommen nicht nur neue Heizungsarten (wieder) auf den Markt, sondern lassen Energieeffizienz-
programme bis hin zum Trend in Richtung Passiv- oder sogar Aktivhaus
die Zukunft der Wärmeversorgung in ganz neuem Licht erscheinen.
Folge davon ist der rückläufige Absatz von Erdgas an Haushaltskunden

Heute verfügen etwa 18,5 Millionen Haushalte über Gasheizun-
gen, das sind über 8 Millionen Haushalte mehr als Anfang der 90er
Jahre. Im Jahr 2008 wurden 60% der neu gebauten Wohneinheiten mit
einer Erdgasheizung ausgestattet – auch wenn dieser Wert hoch erscheint, Ende der 90er Jahre waren es mal 80%. Parallel dazu sind wesentliche Innovationen auf den Markt gekommen bzw. werden in den
nächsten Jahren serienreif. Der Gasbrennwertkessel ist heute Standard

bei Neubauten, oftmals bereits kombiniert mit Solarthermie zur Brauchwassererwärmung. In den kommenden Jahren werden mit Gas betriebene Mikro-KWK-Anlagen in Haushalten zu finden sein, die Strom und Wärme erzeugen. Erste Modelle einer solchen dezentralen Energieversorgung werden bereits in Pionierphasen implementiert (etwa eine Kooperation von Lichtblick mit VW, E.ON Ruhrgas initiierte hierzu zusammen mit anderen Beteiligten das Projekt Callux), wobei allerdings Effizienz und Rentabilität für den Endkunden im derzeitigen Entwicklungsstadium der Technik noch umstritten sind. Ob sich die Brennstoffzelle durchsetzen wird, wird sich erst in ein paar Jahren entscheiden. Die Bundesregierung fördert jedenfalls die Forschung an den Zellen, die aus Erdgas wasserstoffreiches Gas machen, das dann mit Sauerstoff reagiert und so Strom und Wärme vor Ort, z.B. im Haushalt erzeugt. Schon heute erhöht sich der Marktanteil an Wärmepumpen. Immerhin 19% der neuen Wohnungen wurden 2008 schon damit ausgestattet. Gaswärmepumpen sind aber noch nicht marktreif und werden wohl erst 2011/2012 eingeführt. Allerdings konkurriert Gas hier mit Stromwärmepumpen, die im Eigenheim-Bereich den Hauptanwendungsfall darstellen.

Aus warm wird heiß: So funktionieren Wärmepumpen
Wärmepumpen funktionieren nach dem gleichen Prinzip wie Kühlschränke: Über einen Wärmetauscher wird dabei aber nicht Luftwärme in Kälte verwandelt, sondern es wird von einer Umgebung mit niedriger Temperatur Energie entnommen und – ergänzt um die Antriebsenergie für die Pumpe – auf eine höhere Temperatur übertragen, so dass z.B. eine Heizung damit betrieben werden kann. Im Endeffekt wird also der „Wärme-Kraft-Prozess", den man z.B. in einem Kraftwerk findet, umgedreht. So wird z.B. nicht Wasserdampf zum Antrieb eines Generators zur Stromerzeugung genutzt, wobei die Restwärme an die Umwelt abgegeben wird, sondern niedrigere Wärme aus der Umwelt wird mit Antriebsenergie in größere Wärme umgewandelt. Wärmepumpen werden dabei entweder mit Strom oder mit einem mit Gas oder Öl betriebenen Motor angetrieben.

Am Beispiel der Wärmepumpe wird deutlich, dass unter dem Zeichen von Dezentralität, Autonomie, Energieeffizienz, Klimaschutz und Nachhaltigkeit eine Vielzahl von Heizungsarten mit ihren jeweiligen Vor- und Nachteilen verbaut werden. Wurde historisch die Kohleheizung von der Ölheizung und diese wiederum zu großen Teilen von der Gasheizung ersetzt, vergrößert sich heute die Wahloption der Bauherren: Denn nicht nur Wärmepumpen liegen im Trend, sondern vor allem in Süddeutschland auch verschiedene Arten von Holzheizungen. Zur Warmwassererzeugung wird immer häufiger die Solarthermie verwendet. Außerdem wird die Verwendung von Bio(erd)gas an Bedeutung gewinnen.

Für große Industrien, aber auch für kleine und mittelständische Gewerbebetriebe, ist die Vielfältigkeit von Erdgas attraktiv. Zunächst kann damit Prozesswärme schnell zur Verfügung gestellt werden und daher bei Wärme- oder Trocknungsprozessen direkt eingesetzt werden. Es wird z.B. zum Schmelzen, Glühen, Härten, Trocknen und Einbrennen in der Metall,- Zement-, Glas-, Keramik-, Lebensmittel- und Textil- und Chemieindustrie eingesetzt. Mit Gas können also Ziegel gebrannt oder auch Futter- und Nahrungsmittel getrocknet werden. In der Stahlindustrie nahm die Bedeutung von Gas (aber auch von Strom) für Hochtemperatur- und Umformprozesse zu. Bei der Porzellanherstellung hat der Erdgaseinsatz einen weiteren Vorteil: In Hochöfen, die mit Öl befeuert werden, färbt sich das Porzellan wegen des hohen Schwefelgehalts des Brennstoffes leicht gelblich ein. Erdgas ist deutlich schwefelärmer – und macht daher das „weiße Gold" weißer.

Mit Erdgas befeuerte KWK-Anlagen, also Kraftwerke, die sowohl Strom herstellen als auch die entstehende Wärme nutzen und dadurch höchste Wirkungsgrade von insgesamt über 70 Prozent erzielen, spielen in der Industrie ebenfalls eine zentrale Rolle. Hier ist KWK auch besonders sinnvoll einsetzbar, weil nicht nur ein permanenter Strom-, sondern auch ein stetiger Wärmebedarf besteht, so dass die Vorzüge der Kraft-Wärme-Kopplung ausgeschöpft werden können. KWK-Anlagen tun ihren Dienst z.B. bei der Trocknung von Milchprodukten für den Weltmarkt oder auch bei der Papierherstellung.

Aber nicht nur in großen Industriebetrieben kommt Erdgas zum Einsatz, sondern auch im Handwerk spielt es eine Rolle. In Bäckereien, Wäschereien, Gärtnereien, chemischen Reinigungen und Röstereien, für Autowaschanlagen und Farbspritzkabinen, Einkaufszentren, Hotels, Restaurants findet es seine Anwendungen. Im öffentlichen Bereich werden oftmals mit durch Erdgas befeuerte Blockheizkraftwerke Schwimmbäder beheizt oder Altersheime, Schulhäuser, Krankenhäuser, Museen, Kirchen oder Mehrzweckhallen klimatisiert.

Warum sind die Gaspreise nicht überall in Deutschland gleich hoch?

Gas ist also vielseitig einsetzbar und schont das Klima. Aber: Erdgas ist ein relativ teurer Rohstoff – und die Wärmeerzeugung macht sowohl im Haushalt als auch in der Wirtschaft einen Großteil der Energiekosten aus. Daher sind die Erdgas-Preise Gegenstand einer oft leidenschaftlichen Debatte. Und es stellt sich die Frage, warum die Gaspreise zum selben Zeitpunkt unterschiedlich sein können.

Nun, es ist ein Zeichen von Wettbewerbsmärkten, dass es je nach Wettbewerbssituation zu Preisdifferenzierungen kommt. Daher gibt es je nach Verbrauchsregion und Abnahmeverhalten unterschiedliche und individuelle Tarife, die dem Kunden angeboten wurden. Außerdem liegen die Preisunterschiede an der Struktur der betreffenden Region und sind u.a. abhängig von der Besiedlungsdichte, der Anzahl der Gasanschlüsse und der Kundenstruktur (mehr Haushaltskunden oder eher mehr Industrie – bzw. Gewerbeverbrauch). Dies hat vor allem Auswirkungen auf die Verlegekosten für die Gasleitungen, die sehr unterschiedlich hoch ausfallen, je nachdem, ob Leitungen in entfernte Regionen bzw. ländliche Regionen gelegt werden müssen und nur wenige Abnehmer versorgt werden, oder ob in großen Ballungsgebieten zahlreiche Kunden an einen Leitungsstrang angeschlossen werden können. Die unterschiedlichen Verlegekosten von Leitungen wirken sich dann bei den Netzzugangsentgelten aus, die ca. 20% vom Endkundenpreis ausmachen.

Seit 2007 gibt es aber auch die Möglichkeit zu bundesweit tätigen Gasanbietern zu wechseln, die einen einheitlichen Preis anbieten (z.B. E-wie-Einfach, Lekker Energie, Yello Gas, etc.).

Differenzierungen nach Kundengruppen

Industriekunden mit direktem Zugang zum Gasfernleitungs- bzw. Hochdrucknetz haben geringere Netzkosten zu tragen, da ja die Kosten für die regionale und die Stadtwerksebene entfallen. Dafür sind sie deutlich stärker als Haushaltskunden von den Preiseffekten auf der Beschaffungsseite und den Entwicklungen auf den Weltmärkten betroffen, da die Preisanpassungen einem Automatismus folgen und nicht nochmals zusätzlich durch z.B. die Stadtwerke geglättet werden.

Haushaltskunden hingegen, die am Niederdrucknetz angeschlossen sind, zahlen absolut höhere Preise als Industriekunden, da sie naturgegebenermaßen weniger Gas abnehmen und die Versorgungs- und Anschlusskosten auf einen deutlich geringeren Gasverbrauch umgelegt werden müssen. Außerdem spielen die zusätzlichen Netzkosten für die Versorgung der Haushaltskunden eine Rolle bei der Preisgestaltung, ebenso wie die im Tages- und Jahresverlauf deutlich stärker schwankende Nachfrage als bei der vergleichsweise konstanten Abnahme seitens der Industrie. Positiv für die Endkunden ist die zusätzliche Glättung der Preisanpassung.

Elektrizität: Strom aus Gas

Energiesparmaßnahmen und höhere Effizienzen führen dazu, dass der relative Anteil von Industrie und Haushalten am gesamten Erdgasverbrauch deutlich sinkt. Dafür wird immer mehr Erdgas zur Stromerzeugung verwendet. Wurden Anfang der 90er Jahre nur 6,1% bis 6,5% der Elektrizität in Deutschland durch Erdgas erzeugt, hat sich dieser Prozentsatz bis heute mehr als verdoppelt. 2008 lag er bei 13,6%, 2009 unter den Bedingungen der Weltwirtschaftskrise bei 12,9%.

Ursache für die Aufwärtsentwicklung ist der grundlegende Umbau des deutschen Erzeugungsmixes. In dem Maße, in dem volatile erneuerbare Energiequellen an Bedeutung gewinnen, müssen schnell regelbare Kraftwerke in Reserve auf Abruf bereit stehen, um den Strom zu erzeugen, der gebraucht wird, auch wenn der Wind nicht weht oder die Sonne nicht scheint. Denn Strom muss genau zu dem Zeitpunkt erzeugt werden, an dem er gebraucht wird. Und trotz vielfältiger Anstrengungen ist die Speicherung von Elektrizität immer noch nur in begrenztem Umfang und zu recht hohen Preisen möglich.

Genau für eine solche Funktion als konventionelle „Backup"-Kraftwerke sind flexibel steuerbare und schnell startende Gasturbinen besonders gut geeignet. Dementsprechend lag ihre traditionelle Hauptbedeutung auch darin, die Lastspitzen im Tagesverlauf zu decken. Zur Sicherstellung der Versorgung in solch relativ kurzen Spitzenzeiten fielen ihre recht hohen Betriebskosten, die sie wegen des teureren Brennstoffes verursachen, nicht so ins Gewicht. Erhöht sich nun aber der Anteil von Gas an der Stromerzeugung, erhöhen sich damit auch die spezifischen Kosten, weil Gaskraftwerke nicht nur im Spitzenbereich, sondern auch in Mittellast eingesetzt werden.

Prinzip GuD-Kraftwerk

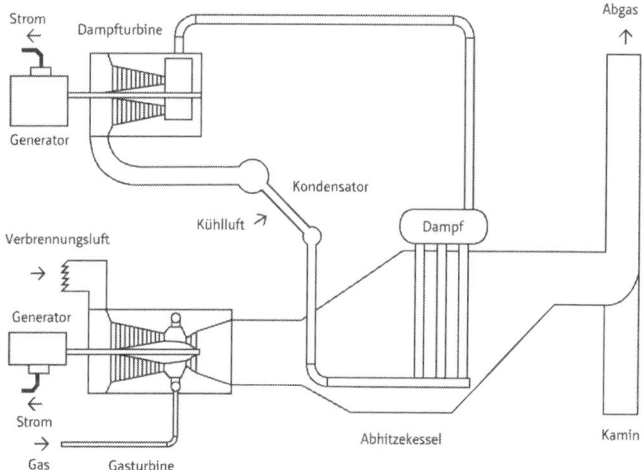

Quelle: GNU

Wie funktioniert ein Gaskraftwerk?
Ein mit Erdgas betriebenes Kraftwerk, das im Übrigen wahlweise meist auch mit Erdöl zu betreiben ist, funktioniert ganz ähnlich wie das Triebwerk eines Flugzeugs, allerdings in XXL-Ausführung. Ein mittleres Gaskraftwerk von 240 MW hat umgerechnet in etwa die Leistung aller vier Triebwerke eines Jumbo-Jets. Das Prinzip aber ist gleich: Luft wird verdichtet, mit brennbarem Gas gemischt, entzündet und beschleunigt. Im Kraftwerk wird die Beschleunigung allerdings nicht in Vortrieb, sondern in Drehbewegung verwandelt und damit ein Generator ange-

trieben. Die Gasturbine wird – zur Steigerung des Gesamtwirkungsgrades des Kraftwerks – oftmals noch mit einer zusätzlichen Dampfturbine kombiniert. Bei diesen so genannten GuD-Kraftwerken wird so auch die durch die Gasturbine entstehende Wärme genutzt. Der entstehende Dampf kann dann zum Betrieb der zusätzlichen Turbine verwendet werden. Der Wirkungsgrad moderner Gasturbinen liegt etwa bei 39%. In Kombination mit einer Dampfturbine erreichen die Kraftwerke 58%. Im bayerischen Kraftwerk Irsching läuft derzeit der Testbetrieb einer GuD-Anlage, die sogar mehr als 60% der eingesetzten Energie ausnutzen wird.

Allerdings sind auch andere Kraftwerkstypen mit niedrigeren variablen Kosten und ohne CO_2-Ausstoß für den so genannten Lastfolgebetrieb geeignet: Die Kernkraftwerke. Auch wenn sie immer auf einem Mindestniveau gefahren werden müssen, erschließen sie mit zusammen 9,6 GW beachtliches Potential an regelbarer Leistung. Im Bereich zwischen 80 und 100% der Nennleistung können Atomkraftwerke nach Berechnungen der Universität Stuttgart sogar schneller geregelt werden als ein GuD-Kraftwerk.

Mobilität: Gas im Verkehrssektor

Am Anfang war der Gasmotor! Der erste Viertaktmotor von Otto, der in der Gasmotoren-Fabrik Deutz gefertigt wurde, wurde mit Leuchtgas betrieben und leistete 3 PS bei 180 Umdrehungen pro Minute. Erst 10 Jahre später, nämlich 1886, baute Deutz den ersten Benzinmotor. Schnell liefen aber flüssige Brennstoffe Gas den Rang ab. Bis heute spielt Gas im Verkehrssektor immer noch eine untergeordnete Rolle. Von den etwa 50 Millionen Fahrzeugen in Deutschland waren 2009 nur 85.000 mit CNG (Compressed Natural Gas, d.h. also komprimiertes Erdgas) betrieben, was lediglich 0,3% des Gesamtkraftstoffverbrauchs ausmacht. Fahrzeuge, die das bereits genannte Autogas, das auch als LPG oder GPL (gaz de pétrole liquéfié) bezeichnet wird, verwenden, sind dagegen heute in der Überzahl. Rund 400.000 Fahrzeuge nutzen LPG.

Zwar sind in letzter Zeit auch erhebliche Steigerungen bei den CNG-Fahrzeugen zu beobachten. Jährlich steigt deren Anzahl um ca. 10%. Doch die Realisierung der Ziele der Bundesregierung erscheinen unter den aktuellen politischen und wirtschaftlichen Rahmenbedingungen nur durch eine gemeinsame Kraftanstrengung aller Beteiligten noch zu erreichen. In ihrer Kraftstoffstrategie des Jahres 2004 gab sie nämlich als Ziel aus, dass Gas im Jahr 2010 0,5% bis 1% des Kraftstoffverbrauchs betragen sollte und im Jahr 2020 sogar 2% bis 4%, was etwa 1,4 Mio. Fahrzeuge entsprechen würde. D.h. bis 2020 wäre eine jährliche Steigerung um 29% v.a. im Nutzfahrzeugbereich nötig, um die Ziele zu erreichen. Ganz aussichtslos erscheint die Sache nicht: Schweden und Italien zeigen, dass eine solche Entwicklung durchaus möglich ist. Mit einem umfassenden Förderprogramm schaffte Italien eine Steigerung der Erdgasfahrzeuge um 34% von 2007 bis 2008 auf 585.000 Fahrzeuge. Mit einem breiten Maßnahmenmix, der u.a. auch kostenfreies Parken in den Innenstädten, Verpflichtung der öffentlichen Hand zur Anschaffung von Erdgasfahrzeugen und die Förderung von Erdgastankstellen umfasst, gelang es den Schweden, dass heute 25% aller Neuwagen mit CNG betrieben werden.

Aber warum sollte man überhaupt eine Steigerung des Erdgasanteils im Verkehrssektor anstreben? Wird da nicht einfach ein fossiler Energieträger (Öl) durch den anderen (Gas) ersetzt? Wie passt das eigentlich zu den Elektroautos, die in aller Munde sind – und die als *das* Zukunftskonzept für die Mobilität gelten?

Der Verkehrssektor trägt erheblich zum CO_2-Ausstoß bei. Rund 150 Mio. Tonnen Kohlendioxyd werden durch Autos, LKWs und Busse, aber auch durch Schiffe, Flugzeuge und die Eisenbahn jährlich in Deutschland in die Luft gepustet. Zum Vergleich: alle Haushalte zusammen emittieren zwischen 120 und 190 Mio. Tonnen, Industrie und verarbeitendes Gewerbe 170 Mio. Tonnen. Den Löwenanteil hat die Stromerzeugung, die etwa 350 Mio. Tonnen ausstößt – allerdings hat sie auch die größten Einsparmöglichkeiten, die durch ein Bündel von Maßnahmen erschlossen werden (z.B. Ausbau Erneuerbarer Energien, Nutzung der Kernenergie, Effizienzsteigerung bei konventioneller Erzeugung oder Einführung der CCS-Technologie zur Abscheidung und Speicherung von CO_2). Insgesamt ist es aber mehr als berechtigt, auch über den Beitrag des Verkehrssektors zum Klimaschutz nachzudenken. Und hier kann Erdgas eine wesentliche Rolle einnehmen. 24 Prozent beträgt das CO_2-Einsparpotential, wenn Benzin durch Erdgas ersetzt wird, wobei die Reduktion noch vergrößert werden kann, wenn Biomethan, d.h. also „Bioerdgas" beigemischt wird.

Im Vergleich zum Elektroauto entstehen dabei aus heutiger Sicht noch geringere Kosten für die Vermeidung von Treibhausgasen. Da Biokraftstoffe ebenfalls günstig sind, erhöhen sich die Vermeidungskosten durch die Beimischung nicht. Allerdings wird die „Tank oder Teller"-Debatte durchaus kontrovers geführt. Wie auch immer hier die Abwägung ausfällt, ist klar, dass das Potential gegeben, aber durchaus begrenzt ist.

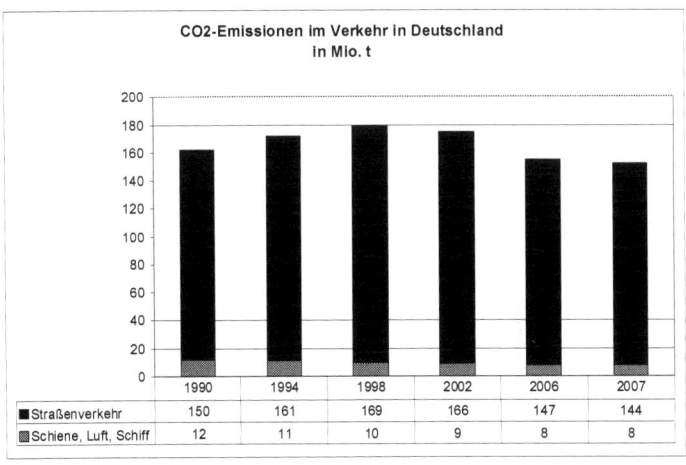

	1990	1994	1998	2002	2006	2007
■Straßenverkehr	150	161	169	166	147	144
▨Schiene, Luft, Schiff	12	11	10	9	8	8

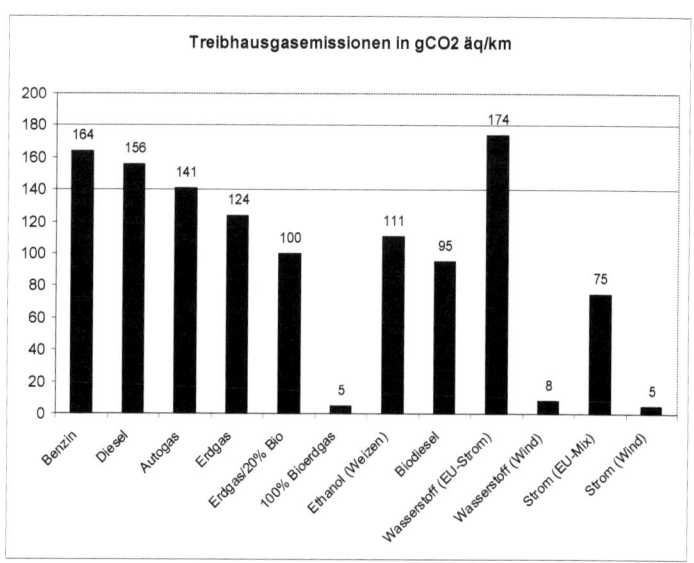

Quelle: dena. Eigene Darstellung.

Dass die Marktdurchdringung noch nicht in ausreichendem Maße vorhanden ist – und das, obwohl es seit 1995 bereits serienmäßig Erdgasfahrzeuge gibt – liegt nicht zuletzt an der immer noch begrenzten Verbreitung von Erdgas-Tankstellen. Aktuell (Mitte 2010) bestehen aber immerhin schon 868 in Deutschland. Damit hat die Branche eine Zusage von 1995 praktisch erfüllt, in der es hieß, dass bis 2010 1000 Erdgastankstellen in Deutschland verfügbar sein sollten. Damals war man aber davon ausgegangen, dass mit diesen 1000 Tankstellen 1 Mio. Fahrzeuge betankt werden sollten! Die Betankung ist dabei so einfach und schnell wie beim Benzin oder Diesel und auch sicher, weil die Tankkupplungen druckdicht verschlossen sind, so dass kein Erdgas entweichen kann. Je nach Region kann man an den Tankstellen L-Gas oder H-Gas tanken. Letzteres hat einen höheren Methangehalt und ist deswegen energiereicher – preislich ist es für den Kunden allerdings egal, da man für die im getankten Gas enthaltende Energiemenge bezahlt, nicht für dessen Gewicht. An der Zapfsäule macht sich der Unterschied zwischen H- und L-Gas allerdings durch einen deutlichen Preisunterschied bemerkbar, und so mancher Berliner Taxifahrer hat

über die hohen Preise in der Hauptstadt geflucht und ist ins „günstige-
re" Brandenburg zum Tanken gefahren. Er hat dann zwar weniger
bezahlt, aufgrund des in Brandenburg aber vorherrschenden L-Gases
mit niedrigerem Brennwert konnte er auch nicht so weit fahren, wie
wenn er gleich in Berlin getankt hätte. Generell hat 1 kg Erdgas (H)
etwa so viel Energie wie 1.5 Liter Benzin oder 1.33 Liter Diesel.

Der preisliche Vorteil von Erdgas gegenüber Benzin bleibt auf jeden Fall bis 2018 erhalten. Das Energiesteuergesetz garantiert, dass
Erdgas etwa 60 Cent günstiger ist als eine vergleichbare Menge Benzin
oder Diesel. Dagegen rentieren sich die Umbaukosten eines herkömmlichen Automobils bereits nach etwa 20.000 Kilometern.

Alles in allem sind Erdgasfahrzeuge heute also schon eine echte
Alternative zu Benzinmotoren. Reichweiten und Komfort können mit
herkömmlichen Antrieben konkurrieren. Vor allem auch für Omnibusse
im Linienverkehr ist Erdgas eine bereits häufig eingesetzte Variante –
künftig vielleicht auch für LKWs im Nahverkehr. Bei den Elektroautos
ist dagegen noch viel mehr Entwicklungsarbeit zu leisten – langfristig
werden sie aber zumindest für den Bereich des Individualverkehrs die
entscheidende Rolle spielen. Beim Schwerlast- und Güterverkehr ist
das noch nicht abzusehen – hier müssen noch andere Optionen her.
Erdgas bleibt also wichtig für eine effiziente und klimaschonende Mobilität, heute und in Zukunft.

Was ist Bioerdgas?

Welche neuen Entwicklungen wird es in der Erdgasversorgung geben?
Ein wichtiger Trend ist das so genannte Bioerdgas. Es kann für die
Energieversorgung der Zukunft eine entscheidende Rolle spielen.
Gasifiziert man nachwachsende Rohstoffe oder Gülle bzw. Biomüll entsteht zunächst Biogas. Das kann man schon z.B. in Anlagen zur Kraft-
Wärme-Kopplung einsetzen. Der Nachteil ist aber, dass Biogas immer
nur lokal verwendet werden kann. Die Verwertung muss also nahe an
der Produktion gelegen sein. Durch eine spezielle Veredelungstechnik
kann aber aus Biogas Bioerdgas gemacht werden. Das so gewonnene
Gas kann dann problemlos ins Erdgasnetz eingespeist werden. Auch
weiter entfernt liegende Anwendungen können dann klimaschonend
betrieben werden. Denn der entscheidende Vorteil von Biogas oder
Bioerdgas ist, dass bei seiner Verbrennung nur so viel Kohlendioxid

freigesetzt wird, wie die zu seiner Herstellung genutzte Biomasse zuvor der Atmosphäre entzogen hat.

Das Potential ist dabei erheblich. Laut einer Studie des Wuppertal Instituts können etwa 100 Mrd. kWh Bioerdgas in Deutschland erzeugt werden. Das entspricht etwa 10% des hiesigen Erdgasverbrauchs oder dem Bedarf von fünf Millionen Haushalten. Bioerdgas kann so flexibel eingesetzt werden wie Erdgas selbst, da es die gleichen Qualitätskriterien erfüllt. Deshalb ist es auch für die Stromerzeugung und für die Kraft-Wärme-Kopplung interessant. Hier entspricht das genannte Potential einem Anteil von 7 Prozent an der Stromerzeugung. Im Gegensatz zur Wind- oder Solarenergie hat Bioerdgas den Vorteil, dass es über das gesamte Jahr kontinuierlich erzeugt werden kann und sich problemlos speichern lässt. Im Vergleich zu Biodiesel besitzt Bioerdgas eine um das Dreifache höhere Flächeneffizienz.

Zusammenfassung

- Der weltweite Gasverbrauch steigt seit den 1960er Jahren linear an. In Deutschland dominieren Industrieverbrauch und der Einsatz als Heizenergie.
- Gasanwendungen werden vielseitiger: Im Privatkundenbereich besteht bei Neubauten ein Trend zu gasbetriebenen Mikro-KWK-Anlagen und Wärmepumpen.
- Gas zur Stromerzeugung nimmt zu, weil durch den Ausbau Erneuerbarer Energien mehr Flexibilität nötig ist.
- Neben Elektromobilität wird Gas ein Baustein zur Reduzierung von CO_2 im Verkehrssektor darstellen.

10 Minuten Energieaußenpolitik: Zentrale Herausforderungen

Markus Wörz

Die russisch-ukrainische Erdgaskrise von 2009

7. Januar 2009: An der Verdichterstation im bayerischen Waidhaus kommt praktisch kein Erdgas mehr an. Der zentrale Exportkorridor für russisches Erdgas via Ukraine, Slowakei und Tschechien nach Deutschland ist komplett zu. Der Gashahn ist abgedreht. Auf diesem Wege exportiert Russland im Normalfall 80% seines für Europa bestimmten Erdgases. Für Süddeutschland bedeutet dies kurzfristig einen Ausfall der Gaslieferungen um 60%. Für Deutschland insgesamt relativiert sich der Ausfall auf ca. 10% und auch dieser wird rasch durch Speicher ausgeglichen. Für die südöstlichen EU-Mitgliedsstaaten hingegen ist der Ausfall gravierend. Allen voran Bulgarien und Slowakei, hier brechen die russischen Lieferung vollständig weg. In der Folge müssen dort und in der Ukraine Fabriken ihre Produktion einstellen. In Bulgarien müssen sogar private Haushalte und öffentliche Einrichtungen zeitweise auf ihre Wärmeversorgung verzichten. Der Schock bei Menschen und Regierungen sitzt tief! Teilweise sicherlich auch, weil die Medien die Lieferunterbrechung zur Krise stilisieren.

Ein Großteil des Gesamtausfalls konnte zwar kompensiert werden, indem die großen europäischen Gasversorgungsunternehmen schnell gemeinsam gehandelt haben und Erdgas aus anderen Quellen und Erdgasspeichern in Richtung Südosten umgeleitet haben. Allerdings eigneten sich technisch nicht alle Pipelines Südosteuropas für eine Umkehr der Flussrichtung, so dass einige Landstriche weiterhin ohne Gas blieben und ihren Verbrauch drosseln mussten.

Der Krise vorausgegangen waren monatelange Verhandlungen zwischen Russland und der Ukraine. Im Mittelpunkt standen wirtschaftliche Themen: Angefallene Erdgasschulden der Ukraine in Milliardenhöhe, Konditionen für künftige Erdgaslieferungen sowie Transit über ukrainisches Gebiet nach Europa. Sicherlich spielten aber auch die seit langem angespannten bilateralen politischen Beziehungen eine wesentliche Rolle. Der Ausfall kam daher nicht komplett überraschend. Bis zuletzt hatte man jedoch allseits auf eine einvernehmliche Lösung gehofft. Erst zwei Wochen nach dem Stopp konnten – nach Interventionen der Premierminister Putin und Timoschenko – neue Verträge ausgehandelt und durch die staatlichen Unternehmen Gazprom und Naftogaz unterzeichnet werden. Unmittelbar darauf wurden die Lieferungen wieder aufgenommen. Zwei Tage später, am 22. Januar 2009, erreichten die Lieferungen dann endlich wieder ihr normales Niveau. Europa atmete auf.

Der Vorgang ist einmalig in der jahrzehntelangen Erdgasliefergeschichte zwischen Russland und Europa. Sogar während des Kalten Krieges wurden die Erdgaslieferverträge stets erfüllt. Zum Jahreswechsel 2005/2006 gab es im Zuge der ersten russisch-ukrainischen Gaskrise zwar schon einmal eine Lieferkürzung, aber ein kompletter Lieferstopp war bis dato neu. Entsprechend scharf war die Kritik der betroffenen Staaten und der EU am leichtfertigen Umgang beider Verhandlungsparteien mit der Energiesicherheit Europas. Die bilateralen Streitigkeiten wurden bewusst und konfrontativ auf dem Rücken Dritter – sprich der EU – ausgetragen, was die Reputation sowohl von Russland wie auch der Ukraine als bislang zuverlässige Liefer- und Transitstaaten schwer beschädigt hat. Gleichzeitig zeigte der Vorfall aber auch, dass einige europäische Mitgliedsstaaten in Südosteuropa zu einseitig von Russland abhängig sind und im Gegensatz zu Deutschland nicht in ausreichende Erdgasspeicher bzw. deren Befüllung oder in Leitungen investiert haben. Die diplomatischen Bemühungen der EU und einzelner Mitgliedsstaaten wie Deutschland sowie die Entsendung einer Beobachtermission waren sicherlich hilfreich um die Krise möglichst rasch beizulegen, aber eine Schlichtung im Vorfeld konnte nicht erreicht werden.

Welcher der beiden Staaten schlussendlich die Schuld trägt, lässt sich im Nachgang nur schwer identifizieren – beide Seiten und ihre PR-Maschinerien haben nicht mit gegenseitigen Schuldzuweisungen gegeizt und jeweils die Unzuverlässigkeit der anderen Seite hervorgehoben. Dies spielt aber auch eine eher untergeordnete Rolle. Festzuhalten bleibt: Die Energiebeziehungen mit Russland und Ukraine haben durch diese Krise schwer gelitten und müssen auf ein verlässliche Basis gestellt und wieder gefestigt werden – Vertrauen muss aufgebaut werden. Dafür bedarf es einer kohärenten deutschen und europäischen Außenpolitik auch im Energiebereich. Ein von allen getragener internationaler Regelungsrahmen scheint unerlässlich.

Die deutsche und europäische Außenpolitik entdeckt das Energiethema

Wie bei anderen Themen gilt auch bei Energie die Gesetzmäßigkeit: Erst wenn Probleme auftauchen, macht man sich Gedanken. Im Gegensatz zu den USA, wo Energiefragen und insbesondere die sichere Erdölversorgung des Landes seit langem oben auf der Agenda stehen, wurde die Energiepolitik im Allgemeinen in Deutschland und Europa erst Ende der 90er Jahre im Zuge der Privatisierung wieder modern. Zuvor spielte das Thema eine nachrangige Rolle, da über Jahre hinweg sicher auf billige Energieträger zurückgegriffen werden konnte. Die ersten Überlegungen zur Energieversorgungssicherheit folgten zur Jahrtausendwende, getrieben durch die Europäische Kommission. Die Energieaußenpolitik als eigenes Themengebiet kam mit einem gewissen Abstand und erreichte die europäische Öffentlichkeit erst Mitte des Jahrzehnts. Anders als bei den USA lag der Schwerpunkt dabei auf der Erdgasversorgung. Doch was waren die Auslöser?

Ein ganz wesentlicher Faktor war sicherlich die steigende Energienachfrage im Zuge von wirtschaftlichem Wachstum und Entwicklung – sowohl in Europa als auch in anderen Teilen der Welt. Dabei kamen mit den Schwellenländern China und Indien zwei neue Akteure auf die Energiemärkte, die einen Anteil an den globalen Vorräten für sich reklamierten. Insbesondere die überraschende rasante Entwicklung der beiden Länder machte beide schnell zu Nettoimporteuren von Rohöl und zu Schwergewichten auf der Nachfrageseite, auch bei Erdgas. Dabei wurden teils überhöhte Preise bezahlt, um einen strategischen Eintritt in die Angebotsmärkte zu erlangen. Zeitgleich wurde Europa mit einer rückläufigen Eigenproduktion konfrontiert. Insbesondere die Öl- und Gasquellen in der Nordsee – als Reaktion auf die Ölkrisen der 70er Jahren erschlossen – hatten großteils ihren Förderhöhepunkt überschritten. Beides zusammen resultierte über die Jahre in einer höheren Importabhängigkeit bei fossilen Energieträgern.

Demgegenüber stand ein begrenztes Angebot, das nur mit Mühe mit der neuen Nachfrage Schritt halten konnte. Das Ganze konzentriert auf einige wenige Produzentenländer, was sich am besten anhand der „Strategischen Ellipse" zeigen lässt: Rund 70% der konventionellen Weltölreserven und ein ungefähr ebenso hoher Anteil der Weltgasreserven befindet sich in Russland, den Ländern des Kaspi-

schen Beckens und Zentralasiens, des Iran und den Golfkooperations-
staaten.

In Folge der erhöhten Konkurrenzsituation auf der Nachfrageseite und des knappen Angebots stiegen die Preise für Erdöl, Erdgas, aber
auch Kohle ab 2004 stark an. Ein an sich wirtschaftlich normaler Vorgang, der auch in anderen Sektoren vorkommt und durch die beteiligten Unternehmen auf Angebots- und Nachfrageseite wieder ins
Gleichgewicht zurückkehrt. Allerdings ist der Energiebereich durch
einige Besonderheiten gekennzeichnet, die das erschweren:

1. Zum Einen zeichnet sich ein großer Teil der oben genannten Pro-
    duzentenländer durch instabile politische Verhältnisse und feh-
    lende verlässliche Rahmenbedingungen aus. Lieferbeziehungen
    und Investitionen unterliegen daher stets einer gewissen Willkür
    und einem Ausfallrisiko.
2. Es gibt nicht den einen Energiemarkt, sondern mehrere Teilmärk-
    te. Bei Öl kann man noch von einem globalen Markt sprechen,
    dessen Produkte weltweit per Pipeline, Schiff, Bahn und LKW ge-
    handelt werden. Bei Gas hingegen existieren Regionalmärkte mit
    unterschiedlichen Preisen. Die meisten Lieferbeziehungen sind bi-
    lateral mit Langfristverträgen und einem fixen Pipelinetransport
    unterlegt. Zwar führt der steigende Anteil an LNG tendenziell in
    Richtung der Situation auf dem Ölmarkt, aber die Mengen rei-
    chen bei weitem noch nicht aus, um von einem globalen Markt zu
    sprechen.
3. In den letzten Jahren ist eine zunehmende Renationalisierung des
    Sektors zu verzeichnen, insbesondere in den Produzentenlän-
    dern. Dies macht sich primär durch eine Verstaatlichung der Pro-
    duktion bemerkbar, die oft unter dem Deckmantel des Schutzes
    strategischer Sektoren abläuft. Eine Angebotsausweitung durch
    Dritte ist somit nur noch beschränkt oder gar nicht mehr möglich.
    Aber auch in vermeintlich liberalen Volkswirtschaften des Wes-
    tens wie den USA, Großbritannien oder Deutschland sind protek-
    tionistische Tendenzen erkennbar. Ähnlich der Aufrüstungsspirale
    in Zeiten des Kalten Krieges könnte dies zu einem Wettabschot-
    ten der Energiesektoren führen, was Marktmechanismen wei-
    testgehend ausschaltet.

Einer starken Angebotsseite steht damit eine relativ schwache Nachfrageseite gegenüber. Deutsche und europäische Unternehmen verhandeln in der Regel mit mächtigen staatlichen Unternehmen auf Produzentenseite, die in ihrem Handeln neben wirtschaftlichen Interessen auch einem politischen Kalkül unterliegen. Dieser Angebotsmarkt führt zu asymmetrischen Lieferbeziehungen und Abhängigkeit. Die Akteure der Angebotsseite sind sich dieser Macht durchaus bewusst. Es verwundert daher wenig, dass zahlreiche Produzentenländer ihre Energieressourcen als Machtwährung begreifen und als Druckmittel für politische wie wirtschaftliche Interessen einsetzen. Dabei geht es weniger um einen tatsächlichen Lieferboykott von Öl oder Gas als vielmehr um das Drohpotential an sich. Die Beispiele sind zahlreich in den letzten Jahren: Iran ggü. den Vereinten Nationen in der Nuklearfrage, Russland bei den Verhandlungen mit der Ukraine über die Transitkonditionen, Venezuela in seinem angespannten Verhältnis zu den USA.

Die europäischen Regierungen und die EU selbst befinden sich dabei in einem Dilemma. Auf der einen Seite richten sie ihr Augenmerk seit Ende der 1990er auf die Privatisierung und Öffnung der eigenen Energiemärkte – nationale Champions sind aufgrund der Wettbewerbsprämisse unerwünscht. Auf der anderen Seite versuchen sie ihrer Energienachfrage durch gemeinsames staatliches Auftreten mehr Gewicht zu verleihen, wobei die eigentlichen Lieferverträge und damit die Versorgung mehrheitlich durch private Firmen erfolgen. Eine Gratwanderung von wenig Staat nach Innen und einem Mindestmaß nach außen.

Leitlinien der deutschen und europäischen Energieaußenpolitik

Elementares Ziel der deutschen Energieaußenpolitik ist die Angebotssicherung, also die Sicherstellung einer ausreichenden und stetigen Versorgung Deutschlands mit Energieträgern wie Erdgas, Erdöl, Kohle und Uran zur Strom- und Wärmeerzeugung und für den Verkehrsbereich.

Um dabei einseitige Abhängigkeiten zu vermeiden und mögliche Lieferausfälle abzuschwächen, sollen sich die deutschen Gasbezüge auf eine möglichst große Anzahl von Lieferländern, Erdgasquellen und Transportrouten verteilen, sprich Diversifizierung. Die politischen Anstrengungen zielen daher primär darauf ab, weitere Lieferländer für

Deutschland im näheren Umkreis zu gewinnen und die Voraussetzungen für neue Pipelines sowie LNG-Terminals zu schaffen.

Der kontinuierliche Energiedialog mit alten wie neuen Produzenten, anderen Konsumentenländern und den Transitstaaten nimmt dabei eine zentrale Rolle in der Energieaußenpolitik ein, um mehr Transparenz in den Lieferbeziehungen zu erzielen, neue Nachfrage- und Angebotstrends zu erkennen sowie schlussendlich gegenseitiges Vertrauen zu schaffen und Spannungen zu reduzieren. Man setzt auf Kooperation statt Konfrontation. Mögliche Probleme können auf diesem Weg frühzeitig erkannt und entschärft werden. Durch die wechselseitigen Abhängigkeiten und Verzahnungen zwischen Produzent und Konsument wird zudem von Beginn an Konfliktpotential reduziert.

Ein weiteres Anliegen der Energieaußenpolitik ist in der Stabilisierung unsicherer Regionen zu sehen. Denn nur politisch stabile Staaten sind verlässliche Lieferpartner. Dies geschieht zum einen durch Beratung der Länder im Hinblick auf Staatsaufbau, Wirtschaftsordnung und Rechtsstaatlichkeit sowie der Entwicklungszusammenarbeit. Im Gegensatz zu anderen Ländern verknüpft Deutschland seine entwicklungspolitischen Maßnahmen aber nur selten mit Aufträgen für heimische Firmen. Des Weiteren wird die Einbindung der Lieferländer in international verbindliche Regelwerke unterstützt.

Ein oft unterschätzter Faktor im Hinblick auf Angebotsausweitung und Stabilisierung stellt der „Export" innovativer deutscher Umwelttechnologien und Rechtsinstrumente dar. Beides kann helfen, im jeweiligen Lieferland ineffiziente Energienutzung zu optimieren, Umweltschäden zu vermeiden und den Energiemix durch den Einsatz von Erneuerbaren Energien zu verbreitern. Letztendlich können dadurch Energieressourcen für den Export nach Deutschland und Europa freigesetzt werden.

Daneben flankiert die Bundesregierung deutsche Unternehmen im Ausland in ihren Anstrengungen, öffnet Türen und signalisiert damit die staatliche Rückendeckung, was für die Unternehmen gerade in der Zusammenarbeit mit staatlichen Gasproduzenten unverzichtbar ist. Man spielt somit auf gleicher Augenhöhe. Dies geschieht entweder durch die Deutschen Botschaften vor Ort oder bei Auslandsreisen von Bundeskanzlerin, Außen- oder Wirtschaftsminister, die die Unternehmensvertreter in ihren Delegationen mitreisen lassen.

Trotz einer an sich auf Kooperation ausgerichteten Strategie achtet Deutschland in den außenpolitischen Beziehungen stets auf Reziprozität. Das heißt, dass in den bilateralen Handelsbeziehungen die Deutschland eingeräumten Begünstigungen auch dem jeweiligen Handelspartner zugestanden werden. Was selbstverständlich auch im umgekehrten Fall von Benachteiligungen Anwendung findet. Ein Paradebeispiel für Letzteres ist die jüngste Verschärfung des Außenwirtschaftsgesetzes, die Unternehmen aus nicht EU-Staaten den Einstieg in den deutschen Energiesektor erschwert, wenn reziprok deutsche Unternehmen im Ausland benachteiligt werden.

Bei all diesen Maßnahmen agiert Deutschland nicht allein, sondern ist eingebettet in ein multilaterales Netzwerk und verschiedenste Institutionen wie der Europäischen Union, der OECD, den Vereinten Nationen, den G8, der WTO und vielen anderen. Einzelstaatliche Ansätze haben zwar weiterhin Relevanz, man denke nur an die langfristigen Erdgaslieferverträge deutscher Unternehmen, greifen aber zu kurz, wenn es um die Etablierung von internationalen Marktregeln geht.

Doch die Rolle der Außenpolitik in Energiefragen ist nicht gänzlich neu.

Ein Rückblick in die 1970er und 1980er: Die Erdgas-Röhren-Geschäfte

Bereits Anfang der 1970er Jahre spielte die Außenpolitik in Energiefragen schon einmal eine maßgebliche Rolle, wenn auch nicht institutionalisiert. Damals hatten das Bundeskanzleramt unter Willy Brandt und das Auswärtige Amt mit seinem Minister Walter Scheel einen wesentlichen Anteil beim Zustandekommen der Erdgas-Lieferabkommen mit der Sowjetunion. Die Erdgas-Röhren-Geschäfte markierten dabei einen Meilenstein in den ansonsten eher frostigen bilateralen Beziehungen des Kalten Krieges. Kurz nach Amtsübernahme der sozial-liberalen Koalition wurden am 1. Februar 1970 – also vor über 40 Jahren – drei Verträge im Beisein der beiden Regierungen in Essen unterzeichnet: Der erste Vertrag sicherte der deutschen Ruhrgas AG die jährliche Lieferung von drei Milliarden Kubikmetern russischen Erdgases für insgesamt 20 Jahre durch die Sojuzneftexport zu. Der zweite Vertrag ermöglichte der Mannesmann Export GmbH den Verkauf von Röhren an die Sowjetunion für den Pipelinebau. Im dritten Vertrag wurde die Finanzierung geregelt. Das erste Gas floss verabredungsgemäß im Jahr 1973. Rückblickend ein beispielloses Wirtschaftsabkommen. Beide Seiten zeigten sich mit den Verträgen so zufrieden, dass in den darauffolgenden vier Jahren zwei weitere Abkommen abgeschlossen wurden. Die deutsch-russischen Wirtschaftsabkommen stellten damit einen wichtigen Pfeiler der Entspannungspolitik Willy Brandts dar und passten gut zum Motto der Neuen Ost-Politik „Wandel durch Annäherung".

Das vierte Abkommen wurde Anfang der 1980er Jahre unterzeichnet und sollte die jährlichen Liefermengen auf insgesamt 20 Milliarden Kubikmeter Erdgas für einen Zeitraum von 25 Jahren erhöhen. Allerdings stand dieses Abkommen anfangs unter keinem guten Stern. Die internationale politische Lage hatte sich verändert. Die Zeit der Entspannungspolitik ging in Folge des russischen Einmarschs in Afghanistan, des NATO-Doppelbeschlusses und der angespannten Lage in Polen zu Ende. Zwar hatte das Röhrengeschäft in Europa weiterhin viele Befürworter, aber die USA lehnten den neuen Deal rundweg ab, während die ersten Röhren-Geschäfte noch ohne große Kritik akzeptiert wurden. Die US-Hardliner hatten das Ruder übernommen und wollten den Pipelinebau verhindern bzw. zumindest stark verzögern. Ihrer Ansicht nach würde sich Europa in eine zu große Abhängigkeit der UdSSR begeben. Schlussendlich verhängte der neue US-Präsidenten Reagan Ende 1981 dann ein Osthandels-Embargo, das den Export von wesentlichen Pipelinekomponenten an die Sowjetunion untersagte. Die transatlantischen Beziehungen wurden auf eine harte Probe gestellt. Erst ein Jahr später, nach anhaltenden Protesten von Deutschland, Frankreich und Großbritannien, sah man sich auf US-Seite gezwungen, das Embargo wieder aufzuheben. Die damals noch kleine EG sprach mit „einer Stimme". Danach konnten die Handelsbeziehungen mit der UdSSR wieder reibungslos aufgenommen werden.

Insgesamt führten die Lieferbeziehungen zwischen Deutschland und der Sowjetunion zu gefestigten bilateralen Beziehungen, die auch in angespannten Phasen des Kalten Krieges Bestand hatten. Man blieb sozusagen über die Wirtschaftsbeziehungen im Gespräch. Das aufgebaute Vertrauen sorgte dann auch nach dem Zerfall der UdSSR für eine Weiterführung der Lieferungen bis heute.

Vor diesem Hintergrund verwundert es kaum, dass die erfolgreiche Historie durch das Auswärtige Amt unter Minister Steinmeier im Jahr 2006 wieder aufgegriffen und das damalige Motto der Ostpolitik weiterentwickelt wurde – gerade nach der ersten Gaskrise zwischen Russland und der Ukraine, nachdem erstes Porzellan in den Beziehungen zerschlagen war. Die hohen gegenseitigen Abhängigkeiten von

Produzent und Konsument sollten erneut als Basis für den Vertrauen stiftenden Dialog dienen – „Annäherung durch Verflechtung". Ein altes Thema wurde neu entdeckt.

Dornröschenschlaf in den 1980er und 1990er Jahren

Nach den vier Erdgas-Röhren-Geschäften verschwand die Energiepolitik wieder von der politischen Agenda. Vereinzelt widmeten sich nur noch Experten dem Thema. Mit einer Ausnahme: Der Energiecharta-Vertrag von 1994. Nach dem Zerfall der Sowjetunion und des COMECON verfolgte man mit der Energiecharta das Ziel, die Energiesektoren der einzelnen Länder zu integrieren und in einen verlässlichen und verbindlichen internationalen Rechtsrahmen einzubetten. Die Charta wurde im Dezember 1991 in Den Haag unterzeichnet. Der eigentliche Vertrag drei Jahre später in Lissabon. 1998 trat der Vertrag in Kraft. Die Charta umfasst heute 47 Mitgliedsstaaten und zahlreiche Beobachter. Die zentralen Elemente sind:

- der Schutz von Auslandsinvestitionen,
- der diskriminierungsfreie Handel mit Energieträgern und Ausrüstung,
- der reibungslose grenzüberschreitende Energietransit und
- die Einrichtung einer Schiedsstelle im Fall von Streitigkeiten.

Russland als Protagonist im Energiesektor und eigentlicher Adressat der Charta hat den Vertrag zwar unterschrieben, aber niemals ratifiziert. Der Vertrag fand daher nur provisorische Anwendung. Streit entzündete sich immer wieder am ergänzenden Transitprotokoll, hier fand man nach über zehn Jahren Diskussion keine Einigung. Russland befürchtete insbesondere eine Aushöhlung des so ertragreichen Exportmonopols von Gasprom und damit den Kontrollverlust über den Korridor nach Zentralasien. Nachdem Anfang 2009 ein Vorschlag Präsident Medwedjews für einen alternativen Vertrag zur Charta ohne größere Resonanz blieb, distanzierte sich Russland zum 19. Oktober 2009 vollkommen vom Chartavertrag. Ob unter diesen Voraussetzungen eine Revitalisierung der Charta gemeinsam mit Russland möglich sein wird, bleibt abzuwarten.

Die Europäische Ebene – steiniger Weg zu einem gemeinsamen Nenner

In der Öffentlichkeit wird es kaum wahrgenommen, aber in Experten-runden viel diskutiert: Die Rolle der EU bei der Energieaußenpolitik. Ein erster Vorstoß der EU-Kommission im Jahre 2000 wurde zunächst von den Mitgliedsstaaten als Eingriff in die außenpolitische Unabhängigkeit gewertet und abgelehnt. Lediglich der Energiedialog der EU mit Russ-land entsprang daraus. Dabei hat die Idee durchaus einen gewissen Charme, da die EU mit ihren nun 27 Mitgliedsstaaten eine andere Nach-fragemacht repräsentiert, als jeder der Staaten für sich alleine.

Erst ab 2005 kamen Überlegungen zu einer europäischen Ener-gieaußenpolitik wieder auf, wobei sich schnell zeigte, dass eine ge-meinsame Position nicht einfach zu finden ist. Geographie, nationaler Energiemix und historisch gewachsene (Liefer-)Beziehungen prägen die Haltung der einzelnen Mitgliedsstaaten im Hinblick auf eine ge-meinsame Energieaußenpolitik. Spanien verfügt naturgemäß über enge Gaslieferbeziehungen nach Nordafrika, wohingegen Deutschland einen Großteil seines Gases aus Russland, Norwegen und den Nieder-landen bezieht. Hinzu kommt, dass die Außenpolitik in die Hoheit der Mitgliedsstaaten fällt und auf europäischer Ebene einstimmig über außenpolitische Maßnahmen und Instrumente zu entscheiden ist. Die Konsequenz: Nicht immer ein Gleichklang der Interessen, sondern (Energie-)Außenpolitik auf dem kleinsten gemeinsamen Nenner. Zu-dem zeigte sich schnell, dass die einzelnen Mitgliedsstaaten in punkto Marktrollenverständnis unterschiedliche Ansichten vertreten.

Die Ostseepipeline als Lackmustest der Energieaußenpolitik

Ein erster Lackmustest für die EU-25 und gutes Beispiel für die unter-schiedlichen Positionen liefert die Ostseepipeline. Die von Russland durch die Ostsee direkt nach Deutschland führende Pipeline soll ab Ende 2011 Erdgas nach Europa bringen. Bereits im Jahr 2000 wurde die Pipeline daher als prioritäres Projekt in das Transeuropäische Netzpro-gramm aufgenommen. Nachdem Ende 2005 der endgültige Vertrag zwischen Gazprom, E.ON Ruhrgas und Wintershall unterzeichnet wur-de, regte sich allerdings heftiger Widerstand aus Polen und den balti-schen Staaten. Später stieß auch noch Schweden zu den Kritikern. Das

Projekt wurde auf eine politische Ebene gehoben, mittels historischer Vergleiche emotionalisiert und mit allen Mitteln von den Gegnern torpediert und verzögert. Die Motivation für diese Blockadehaltung war vielseitig: Zum einen favorisierten Polen und das Baltikum eine Alternativroute – die Bernsteinpipeline – über das eigne Territorium, was den Nebeneffekt von erheblichen Transiteinnahmen mit sich gebracht hätte. Allerdings wurden diese wirtschaftlichen Interessen schnell hinter Debatten über Umwelt und Sicherheit verborgen. Es wurden aber auch äußerst skurrile Argumente vorgebracht. Unter anderem sah beispielsweise Schweden die Gefahr von russischen Spionageaktivitäten in Zusammenhang mit dem Pipelinebau, was bisweilen an einen Politthriller von John Le Carré erinnerte.

Nach ausführlichen Prüfungen und unzähligen diplomatischen Konsultationen konnten die Bedenken jedoch ausgeräumt werden. Seit Ende 2009 liegen nun alle Genehmigungen der Ostseeanrainer vor, so dass 2010 mit dem Bau begonnen werden konnte. Insgesamt sind auf der 1.224 km langen Strecke pro Leitungsstrang rund 102.000 Einzelrohre zu verschweißen und zu verlegen. Das Gesamtgewicht beläuft sich auf 2,5 Mio. Tonnen – was in etwa so viel ist wie 245-mal der Pariser Eiffelturm!

Die EU-Energieaußenpolitik nimmt Gestalt an

Der schlussendliche Weckruf für ein gemeinsames Agieren auf europäischer Eben kann sicherlich in der ersten russisch-ukrainischen Gaskrise von 2006 gesehen werden. Was zuvor nur Randthema war, wurde nun zur Priorität. Insbesondere den Mitgliedsstaaten in Osteuropa und der dortigen Bevölkerung wurde deutlich vor Augen geführt, was einseitige Lieferbeziehungen für Folgen haben können. Als Reaktion auf die Krise wurden schnell die Stimmen nach mehr Solidarität innerhalb der EU laut. Polen forderte gar die Gründung einer Energie-NATO mit Energielieferungen zwischen den Mitgliedsstaaten im Bündnisfall. Hingegen wenig Gedanken wurden auf die Vorsorge verwendet, die jeder Staat, bzw. dessen Energieversorger eigenverantwortlich aufbauen kann, beispielsweise durch Diversifikation oder Speicher.

Mit dem Grünbuch „*Eine europäische Strategie für nachhaltige, wettbewerbsfähige und sichere Energie*" von 2006 legte die Kommission dann erstmals ein energiepolitisches Gesamtkonzept vor. Darin enthalten sind auch die Forderung nach einer klar definierten europäischen Energieaußenpolitik sowie Vorschlägen u.a. zur Gründung einer Energiegemeinschaft, der Ermittlung von Prioritäten bei Infrastrukturen sowie eine Erneuerung der Energiepartnerschaft mit Russland. Im Gegensatz zum Jahr 2000 fand das Grünbuch große Zustimmung im Europäischen Rat. Dies nicht zuletzt aufgrund des äußeren Handlungsdrucks und der Zusage durch die Kommission, dass die Hoheit der Mitgliedsstaaten über den Energiemix gewahrt bleibt. Alle waren sich im Klaren, dass Europa in Energiefragen nur gehört wird und seine Bedeutung voll ausspielen kann, wenn alle „mit einer gemeinsamen Stimme sprechen".

Mit der Verabschiedung der „Energiepolitik für Europa" und des Aktionsplans im März 2007 wurde die deutsche EU-Präsidentschaft zur Wegmarke einer gemeinsamen Energieaußenpolitik. Die zentralen Elemente sind:

- Aufbau von tragfähigen Energiepartnerschaften mit Erzeuger-, Transit- und Verbraucherländern.
- Kontinuierlicher Export des EU-Binnenmarktes in die europäischen Nachbarländer über die Energiegemeinschaft

Trotz Fortschritten in der Energieaußenpolitik bleiben Defizite bestehen

Trotz Umsetzung wesentlicher Teile des ersten Aktionsplans in den vergangenen Jahren bleiben Defizite in der Energieaußenpolitik bestehen, wie die EU-Kommission selbst in ihrer letzten Bestandsaufnahme feststellt. Die Koordinierung der externen Dimension der Energiepolitik ist weiterhin schwach und die EU hat bei weitem noch nicht den Einfluss erlangt, der einem Regionalmarkt mit rund 500 Millionen Konsumenten angemessen ist. Vieles bleibt in der Umsetzung hinter dem eigentlichen Zeitplan zurück.

Entsprechend forciert die Kommission die Weiterentwicklung der bisherigen Maßnahmen. Dabei wird besonderer Wert auf die Diversifizierung der Energierouten und den schnelleren Ausbau der dafür notwendigen Infrastruktur gelegt. Gerade die Entwicklung eines südlichen Gaskorridors für die Versorgung aus Quellen im kaspischen Raum und im Nahen Osten wird vorangetrieben. Entgegen der bisherigen Politik, die auf die politische Flankierung privatwirtschaftlicher Projekte und die Bereitstellung von Mitteln für Machbarkeitsstudien ausgerichtet war, soll künftig ein neues, umfassenderes Instrument für Energieversorgungssicherheit- und Infrastruktur geschaffen werden. Damit sollen Projekte von übergeordnetem strategischem Interesse auch finanziell durch die EU gefördert werden, die aufgrund von Marktversagen und Regulierungsproblemen ansonsten nicht realisiert würden. Bislang ist allerdings noch unklar, nach welchen Regeln dies vonstattengehen soll, ohne dabei privatwirtschaftliche Projekte zu verdrängen.

Eng verknüpft mit dem südlichen Gaskorridor ist die Idee der Kommission, die Nachfrageseite beim Gaseinkauf zu stärken, indem eine Art Sammelkaufmechanismus aufgesetzt wird, was momentan unter dem Arbeitstitel „Caspian Development Corporation" läuft. Die Idee: Zum einen sollen dadurch die Konditionen verbessert werden, mit denen europäische Unternehmen im kaspischen Raum Gas einkaufen. Auf der anderen Seite würde das gebündelte Auftreten den Produzenten mehr Nachfragesicherheit für die eigenen Förderinvestitionen bringen. In letzter Konsequenz könnte damit auch das Henne-Ei-Problem von Pipelinebau und Gaseinkauf gelöst werden. Mit einer ausreichenden und garantierten Menge an Gas erscheint unter finanziellen Gesichtspunkten der Bau einer Trans-Kaspian-Pipeline und Weiterführung über das Nabucco-Projekt zunehmend realistisch. Auf den ersten Blick also eine win-win-Situation. Bei genauerem Hinsehen ist es aber eine Gratwanderung. Ein Sammelkaufmechanismus ist letztendlich nichts anderes als ein Einkaufskartell. Vor dem Hintergrund der Liberalisierung des europäischen Energiebinnenmarktes und dem Eintreten für mehr Wettbewerb passt dies nur sehr bedingt ins europäische Konzept. Zumal die Kommission nach Innen großen und damit auf der Einkaufsseite durchsetzungsstarken Erdgasversorgern extrem skeptisch gegenüber stand. Es bleibt zu hoffen, dass ein solches Einkaufkartell nicht in einer Spirale von immer mehr Staatsintervention im Energiesektor mündet. Letztlich sollte vermieden werden, dass die Kommission oder Staaten über Gasmengen und -preise verhandeln, diese dann an ein Kartell übertragen und diese Mengen dann mit wettbewerblich gekauften Mengen der Gasunternehmen konkurrieren.

Wie geht es weiter bei der Energieaußenpolitik

Die gemeinsame Energieaußenpolitik als Bestandteil einer Energiepolitik für Europa wird weiter an Bedeutung gewinnen. Dabei dürfte es von Vorteil sein, dass die Energieaußenpolitik seit der letzten Umbildung der Kommission dem Ressort des Energiekommissars zugeordnet wurde, so dass innerhalb des Politikfeldes eine bessere Abstimmung vorgenommen werden kann. Für die kommenden Jahre bestehen zahlreiche Herausforderungen, denen auf politischer Ebene mit adäquaten Maßnahmen begegnet werden muss. Neben den klassischen Themen der Energieaußenpolitik werden Energieeffizienz und Erneuerbare Energien zunehmend ins Zentrum der Aufmerksamkeit rücken aber auch Infrastrukturfragen. Von zentraler Bedeutung wird dabei sein, auf welches Marktrollenverständnis sich EU-Kommission, die Mitgliedsstaaten und die Energieunternehmen einigen: „wenig Staat und Liberalisierung oder viel Staat und Marktregulierung". Die bereits im Entwurf vorliegenden Maßnahmen sehen wie folgt aus und dürften die kommenden Jahre thematisch ausfüllen:

- ein EU-Energieaktionsplan (2011-2020)
- eine EU-Roadmap für 2050
- ein EU-Infrastrukturpaket.

Anhand von Themenbeispielen aus 6 Ländern, bzw. Regionen, werden im Folgenden einige zentrale energie- und außenpolitische Herausforderungen aufgezeigt, die die künftigen Debatten wesentlich mitbestimmen dürften:

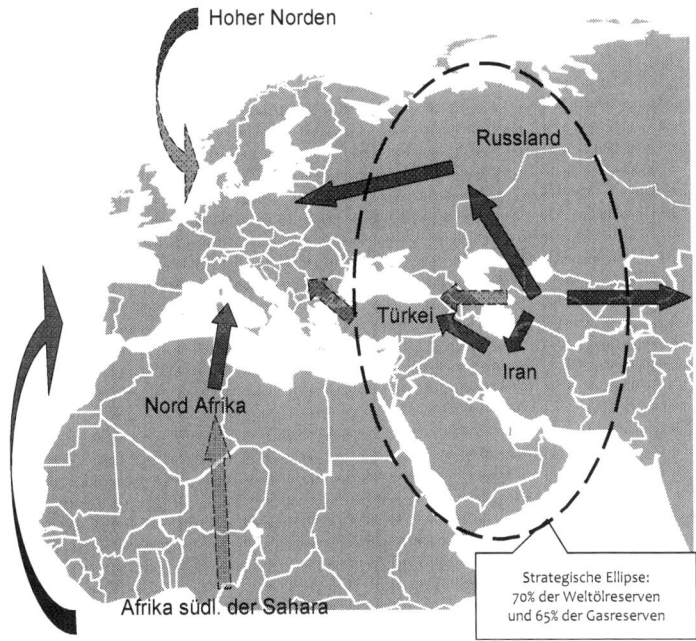

Hoher Norden

Russland

Türkei

Iran

Nord Afrika

Afrika südl. der Sahara

Strategische Ellipse:
70% der Weltölreserven
und 65% der Gasreserven

Russland – die Renationalisierungsfrage

Der Energiesektor ist für Russland der zentrale Wirtschaftszweig. Bei den Exporterlösen entfallen über 60 Prozent auf die Erdöl- und Erdgasproduktion und spülen wichtige Devisen ins Land. Insgesamt stammt rund die Hälfte der Staatseinnahmen aus dem Energiebereich.

Es verwundert daher kaum, dass dieser Sektor inzwischen wieder die volle Aufmerksamkeit der russischen Politik genießt. Mit dem Amtsantritt von Präsident Wladimir Putin zur Jahrtausendwende wurden die Privatisierungen der „wilden Neunziger" nunmehr als Ausverkauf nationaler Interessen betrachtet. Russland begann die Uhr zurück zu drehen. In Erinnerung ist noch die Verhaftung des Yukos Vorsitzenden, Michail Chodorkowski, mit der Begründung der Steuerhinterziehung und die anschließende Zerschlagung und Übernahme zentraler Unternehmensteile des Ölkonzerns Yukos durch die staatliche Rosneft. Russland hatte wieder die Kontrolle.

Da die Unternehmensprivatisierungen im Gasbereich deutlich geringer ausfielen als im Ölsektor, konzentrierte sich die russische Regierung auf Lagerstätten, die vollständig oder mehrheitlich im Besitz ausländischer Unternehmen waren und durch diese entwickelt wurden. Zu nennen sind hier insbesondere zwei Gasprojekte, bzw. -felder: das LNG-Projekt Sachalin II nördlich der Pazifikinsel Sachalin und das noch unerschlossene Kovykta-Gasfeld in Ostsibirien. In beiden Fällen übte die russische Regierung 2006/2007 u.a. über das Ministerium für Naturressourcen Druck auf die bisherigen Eigner aus und drohte mit dem Entzug von Umweltgenehmigungen und Förderlizenzen. Die vorgebrachten Umweltschutzaspekte wurden international als vorgeschoben bewertet. Vielmehr dürften wirtschaftliche Beweggründe und die Wiedererlangung der staatlichen Kontrolle über die strategischen Lagerstätten die Ursache gewesen sein. Letztendlich mündete der Druck in einer Mehrheitsbeteiligung von Gazprom bei Sachalin II, wodurch Royal Dutch Shell sowie die japanischen Firmen Mitsui und Mitsubishi ihre Anteile drastisch reduzieren und die Führung abgeben mussten. Im Fall des Kovykta Feldes, sollte ursprünglich Gazprom den kompletten Anteil von TNK-BP an Russia Petroleum, dem Lizenzhalter, übernehmen. Dazu ist es allerdings nicht gekommen. Zwischenzeitlich hatte auch Rosneftegaz Interesse angemeldet. Um die durch den Stillstand fortwährend anlaufenden Verluste zu minimieren und den Verkaufsprozess zu beschleunigen, hat TNK-BP schlussendlich den Geldhahn zugedreht. Russia Petroleum musste im Juni 2010 einen Insolvenzantrag stellen.

Zwar gab es in beiden Fällen kurzfristig einen Aufschrei der ausländischen Regierungen, die Firmen selbst hielten sich aber mit Kritik zurück, um den Fuß in der Tür zu behalten. Erst im Jahr 2008 wurde das russische Gebaren durch das Gesetz über den Schutz strategischer Branchen – auch Energie – auf eine fundierte legale Basis gestellt. Seither müssen Investitionen ausländischer Firmen in strategischen Bereichen Russlands ab einer gewissen Größe angezeigt und genehmigt werden, wobei zwischen privaten und staatlichen ausländischen Investoren unterschieden wird. Beteiligungen von über 50% in strategischen Bereichen sind gänzlich verboten. Von russischer Seite wurde ausdrücklich die damit hergestellte Rechtssicherheit gewürdigt, wohingegen westliche Investoren und Staaten den protektionistischen Ansatz kritisierten.

Mit Einzug der Finanz- und Wirtschaftskrise hat sich die Lage auch in Russland erheblich verschlechtert. Die einseitige Ausrichtung der russischen Wirtschaft auf den Energiebereich hat sich nicht ausgezahlt. Zum einen sank und sinkt der Exportabsatz von Erdöl und Erdgas und damit die Einnahmen drastisch, zum anderen ziehen westliche Banken aufgrund der Finanzknappheit Kapital aus Russland ab. Im Fall des Shtokman-Feldes in der Barentssee wurde jüngst verkündet, dass das Projekt um drei Jahre auf 2016 verschoben wird. In Russland selbst macht Gazprom mit jedem verkauften Kubikmeter Erdgas Verlust, da die Preise auf staatliche Anordnung nur etwa einem Fünftel des Exportpreises entsprechen. Gemeinsam mit den beschriebenen, nicht eben vorteilhaften Bedingungen für ausländische Firmen, bleiben notwendige Investitionen im Energiesektor auf der Strecke. Gerade Gazprom ist hiervon betroffen. Über Jahre hinweg wurden alternde Felder nicht modernisiert, geschweige denn neue erschlossen.

Gazprom hat zumindest seine Strategie umgestellt und beabsichtigt neue Felder zu erschließen. Für diese Erschließung, in teils unwägbaren Regionen oder Offshore, bedarf es allerdings ausländischen Kapitals und noch viel wichtiger, ausländischer Technologie. Es bleibt spannend, ob Russland unter den gegebenen Bedingungen beides anlocken kann oder ein Wandel stattfinden muss. Die Voraussetzungen für Letzteres sind derzeit gar nicht schlecht. Die Neuverhandlung des eigentlich seit 2007 ausgelaufenen Partnerschafts- und Kooperationsabkommens zwischen Europa und Russland bietet die einmalige Chance, diesen Wandel herbeizuführen und die Voraussetzungen für ausgeglichene und auf Reziprozität beruhende Zusammenarbeit zu schaffen.

Alle diejenigen, die eine Abkehr von Russland, bzw. eine Diversifizierung in andere Regionen ohne Einbeziehung Russlands fordern, denken zu kurz. Für die Energieversorgungssicherheit Europas führt kein Weg an Russland vorbei – auch außerhalb von Russland. Gerade im Hohen Norden, in Zentralasien, Iran oder der Türkei sind kooperative und rechtlich verbindliche Vereinbarungen zu finden, die Russland einbeziehen. Nur so kann das Erdgasangebot langfristig ausgeweitet und der Bedarf gesichert werden.

Zentralasien – die Richtungsfrage

Das energiereiche Zentralasien erregte nach dem Zerfall der Sowjetunion in den neunziger Jahren die Aufmerksamkeit westlicher und
östlicher Staaten gleichermaßen. Entsprechend wurden die Beziehungen zu den stark autoritär geprägten politischen Führungen in Kasachstan, Usbekistan und Turkmenistan intensiviert und der direkte Zugang
zu den Reserven gesucht. Viele sprachen in Anlehnung an die russischen und britischen Bestrebungen um die Vorherrschaft in Zentralasien im neunzehnten Jahrhundert schon von einem „New Great Ga-
me". Dabei wurde viel über die eigentliche Höhe der Reserven speku-
liert. Bis heute ist nicht vollkommen klar, welche Mengen an Erdöl und
Erdgas in der Region eigentlich wirklich vorhanden sind, was den Interessen der dortigen Staaten entgegenkommt. Noch Mitte des letzten
Jahrzehnts hatte es den Anschein, als habe Turkmenistan seine Vorkommen durch Lieferabkommen mit mehreren Staaten mehrfach
überzeichnet. Heute scheinen jüngste Studien wie die der britischen
Beratungsfirma Gaffney Cline and Associates zu belegen, dass insbesondere Turkmenistan über einen langen Zeitraum in der Oberliga der
Gasproduzenten und
-exporteure mitspielen kann, sofern auch künftig ausreichende Investitionen in Exploration und Produktion fließen und die Exportrouten
stark ausgebaut werden.

Ähnlich wie in Russland und anderen rohstofffreichen Ländern ist
der Zugang ausländischer Unternehmen zu den turkmenischen Erdgasreserven nur über Joint Ventures und Production-Sharing Agreements
möglich, wobei die turkmenischen Staatsfirmen die Mehrheit halten.
Trotz dieser an sich restriktiven Konditionen und den stark durch Korruption gekennzeichneten Strukturen haben sich in den letzten Jahren
zahlreiche Firmen im turkmenischen Erdgassektor engagiert. Neben
Firmen aus Russland und Europa finden sich zunehmend auch Unternehmen aus China. Und eben diese drei Regionen buhlen nicht nur um
einen Anteil an der Förderung, sondern sind bestrebt, das Gas auf ihre
jeweiligen Heimatmärkte zu transportieren, bzw. über ihre Staatsge-
biet weiter zu exportieren. Unklar ist, in welche Himmelsrichtung das
Gas künftig fließen wird – Norden, Osten oder Westen und welche
Fördermengen tatsächlich vorhanden sind, um alle Interessenten zu
bedienen.

Durch die noch zu Sowjetzeiten errichteten Pipelineverbindungen hat Russland den komfortabelsten Zugang zu den eingeschlossenen Erdgasreserven Zentralasiens und dominiert den Export nahezu vollständig (86%). Ansonsten verfügt nur Iran über eine begrenzte Anbindung an Turkmenistan.

Seit Ende 2009 ist für Turkmenistan mit der Gaspipeline via Usbekistan und Kasachstan nach China jedoch ein substanzieller neuer Exportkorridor hinzugekommen. Künftig kann Turkmenistan auf diesem Wege zwischen 15-30 Milliarden Kubikmeter Erdgas pro Jahr exportieren, was in etwa einer Größenordnung von 30-60% der heutigen Gesamtexporte entspricht.

Für Europa sieht der Energiezugang nach Zentralasien unter Umgehung Russlands im Süden nicht gar so rosig aus wie für China. Das Kaspische Meer stellt bis dato eine unüberwindbare natürliche Barriere im Westen Zentralasiens dar. Schuld daran ist der nicht geklärte Status des Kaspischen Meeres als Binnengewässer (See) bzw. als Meer und den damit verbundenen seerechtlichen Fragen. Entsprechend ist bis heute ungeklärt, wie sich die küstenfernen Energiereserven zwischen den fünf Anrainerstaaten verteilen und ob und wenn ja wie eine transkaspische Pipeline von Turkmenistan nach Aserbaidschan zu verlegen wäre. Russland im Norden und Iran im Süden haben verständlicherweise kein Interesse an einer baldigen Klärung dieser Situation, da sie ansonsten ihre strategische Rolle als Transitstaaten für zentralasiatisches Gas einbüßen würden. Europäische Unternehmen suchen daher nach alternativen Transportoptionen und prüfen auch einen Transport von komprimiertem Gas per Schiff nach Aserbaidschan, um die notwendigen Mengen für die Nabuccopipeline sicherzustellen.

Zentralasiens Binnenlage ist Fluch und Segen zugleich. Man ist auf Partnerländer für den Export angewiesen, doch zugleich ist das Interesse dieser Staaten an Zentralasien groß. Die zentralasiatischen Staaten lassen sich daher von allen Seiten umwerben, spielen geschickt die internationale Karte und intensivieren ihre energie- und außenpolitischen Beziehungen in alle Richtungen. Und der Erfolg gibt ihnen recht. Aufgrund des großen Interesses europäischer und chinesischer Firmen an einem direkten Gaszugang und neuen Exportkorridoren konnte Turkmenistan in den vergangenen Jahren trotz seiner Hauptausrichtung nach Norden gegenüber Russland eine deutliche Preiserhöhung auf nahezu europäisches Niveau durchsetzen. Auf der anderen Seite scheint der Konkurrenzdruck Russland zu zwingen, über höhere Abnahmepreise die Bemühungen der zentralasiatischen Staaten nach weiterer Diversifizierung der Exportrouten abzuschwächen. Genau dies wiederum könnte Europas Bestreben nach einem Erdgaskorridor nach Zentralasien konterkarieren oder zumindest den Preis für eine infrastrukturelle Anbindung extrem teuer machen.

Für den Augenblick dominieren Russland und China also den Export zentralasiatischen Gases. Dies ist nicht zuletzt auf eine Nichteinmischung in die inneren Angelegenheiten der drei zentralasiatischen Länder zurückzuführen. Europa hingegen verknüpft in seiner bisherigen Zentralasienstrategie Menschenrechts-, Demokratie- und Entwicklungsfragen mit energiepolitischen Aspekten. Diese sind nicht immer in Einklang zu bringen. Bislang kommt man über Absichtserklärungen und regionale Dialogforen nicht hinaus und diese helfen eben nur einseitig den zentralasiatischen Staaten, ihre Verhandlungsposition gegenüber Russland zu stärken.

Türkei – die Beitrittsfrage

Die geographische Lage zwischen Europa auf der einen und dem Nahen Osten, Russland und Zentralasien auf der anderen Seite macht die Türkei in Energiefragen besonders interessant. Dabei dürfte die Bedeutung, die die Türkei aufgrund ihrer Lage militärstrategisch in Zeiten des Kalten Krieges für die NATO hatte, der künftigen Bedeutung für die Energieversorgung Europas sehr nahe kommen. Insbesondere was die Versorgung mit Erdgas anbelangt. Dies allerdings nicht wegen eigener Energiereserven, sondern als reiner Transitkorridor.

Entsprechend wird die Türkei von zahlreichen Interessenten auf höchsten politischen Ebenen umgarnt. Die Produzenten wollen ihr Gas – möglichst kostengünstig – durch das Land leiten und auf dem europäischen Kontinent anbieten. Hierzu zählen im engeren Sinne Aserbaidschan, Iran, Russland und Irak. Im weiteren Sinne auch Kasachstan, Turkmenistan, Usbekistan sowie Ägypten. Letztere wollen per LNG eigenes Erdgas über das Mittelmeer in die Türkei bringen. Die Konsumenten, sprich die Südost- und Mitteleuropäischen Staaten, sind an einem möglichst reibungslosen und zuverlässigen Erdgastransport und der Versorgung ihrer eigenen Märkte interessiert. Und was das ganze besonders spannend macht: möglichst unter Umgehung Russlands im Süden. Aber auch die USA, die eigentlich keinerlei Erdgas aus der Region beziehen, machen sich für einen neuen Transportweg stark. In ihrer Regionalstrategie ist die Rede vom „free flow west" über den Southern Corridor. Die Gründe für das außenpolitische Engagement sind vielseitig. In erster Linie versuchen die USA damit, dem kaspischen und zentralasiatischen Gas in seiner Binnenlage einen weiteren Exportweg zu offerieren, um die einseitige Ausrichtung der ehemaligen Sowjetrepubliken auf Russland zu beenden.

Die Türkei selbst ist sich ihrer günstigen Lage sehr wohl bewusst und sieht ihre Rolle künftig als Energiedrehkreuz für Europa. Um der künftigen Rolle gerecht zu werden, sind jedoch massive Investitionen in weitere Import- wie Exportrouten zu tätigen.

Im Gegensatz zum raschen NATO Beitritt in den 1950ern stellt sich die Türkei in Sachen Energie zum jetzigen Zeitpunkt allerdings noch nicht eindeutig auf, sondern fährt bewusst mehrgleisig, was die künftigen Partner betrifft. Dabei versteht die Türkei es, sich geschickt zu verhalten und keine Seite zu hart vor den Kopf zu stoßen. Zum einen will man den bisherigen Hauptlieferanten von Erdgas, Russland, nicht vergrätzen und zeigt sich offen für den Bau der South-Stream-Pipeline durchs Schwarze Meer und weiter nach Europa. Zum anderen unterstützt die Türkei die von Europa favorisierte Nabucco-Pipeline und verknüpft die Energiefrage direkt mit einem EU-Beitritt. Ein Faustpfand, das man nicht so einfach aus der Hand geben will. Dies hat der kurzfristige Rückzieher der Türkei im Jahr 2006 bei der ursprünglich angedachten Mitgliedschaft bei der Energiegemeinschaft gezeigt.

Ob beide Röhren – Nabucco und South-Stream – wirklich benötigt werden, ist in Expertenkreisen umstritten. Auf der einen Seite wird prognostiziert, dass der europäische Gaskonsum künftig stark steigen wird und somit Bedarf für beide besteht, auf der anderen Seite stellt das aktuelle Überangebot die bisherigen Studien in Frage. Sicherlich stellt jede ergänzende Pipeline einen Mehrwert für die Versorgungssicherheit dar, in der aktuellen Diskussion werden die Pipelines jedoch als Konkurrenzprojekte betrachtet. Ganz nach dem Motto „wer zuerst baut, hat gewonnen".

Das Nabucco-Konsortium aus europäischen Energieunternehmen hat inzwischen den ehemaligen deutschen Außenminister Joschka Fischer engagiert, der als Botschafter für das Projekt werben soll. Dabei dürfte es sicherlich hilfreich sein, dass sich Fischer stets für einen Beitritt der Türkei zur Europäischen Union stark gemacht hat. Um das Nabucco-Projekt als solches weiter zu beschleunigen, rückt die EU von

ihrer bisherigen Praxis ab und lässt dem Projekt neben reinen Machbarkeitsstudien nun auch finanzielle Unterstützung in Höhe von 200
Mio. € aus dem Konjunkturpaket zukommen. Ob dieser Ansatz der
richtige Weg ist, eine an sich unternehmerische und betriebswirt-
schaftliche Entscheidung durch eine strategische Komponente zu er-
gänzen, darf sicherlich hinterfragt werden. Letztendlich wird sich die
Frage stellen, ob sich die EU in ihrer Gesamtheit den nicht unumstritte-
nen Beitritt der Türkei für mehr Energieversorgungssicherheit abringen
lässt. Nicht alle europäischen Mitgliedsstaaten würden künftig via
Türkei Gas beziehen.

Iran – die Nuklearfrage

Entgegen der landläufigen Meinung spielt Iran derzeit im internationalen Erdgashandel keine große Rolle. Denn im Unterschied zum relativ
stark ausgebauten und exportorientierten Erdölsektor hält die Entwicklung im Erdgasbereich kaum mit der stark steigenden inländischen
Nachfrage Schritt. Im Moment wird sogar mehr Erdgas aus Turkmenistan importiert als in die Türkei exportiert. LNG-Exporte finden wegen
noch fehlender Terminals gar nicht statt. Mittel- bis langfristig könnte
sich dies jedoch ändern – das Potential als weltweit zweitgrößter Re-
servehalter von Erdgas ist enorm. Das South Pars Offshore-Gasfeld,
das sich Iran mit Katar teilt, ist das größte Gasfeld der Welt. Für den
weiteren Ausbau bedarf es allerdings sowohl finanzieller Mittel als
auch modernster Technologie – beides steht Iran nur begrenzt zur
Verfügung.

Den an sich guten geologischen Voraussetzungen stehen derzeit
zwei zentrale politische Probleme entgegen, die verhindern, dass auch
wieder aus Europa heraus Investitionstätigkeiten im Iran ihren Anfang
nehmen: Zum einen die iranischen Nuklearambitionen und zum anderen die innere Instabilität in Folge der Präsidentschaftswahl im Sommer 2009.

Das iranische Nuklearprogramm beschäftigt die internationale
Gemeinschaft nun schon seit einigen Jahren. Dabei ist weniger der iranische Wunsch nach eigenen Kernkraftwerken das Problem als vielmehr der ungebrochene Wille nach einem eigenen iranischen Brenn-
stoffkreislauf – der Urananreicherung. Denn mit einer Anreicherungs-
anlage lässt sich theoretisch auch hochangereichertes und damit waf-

fenfähiges Uran herstellen. Unklar bleibt bislang der Nutzen einer eigenen Anreicherung, denn die Versorgung mit Brennelementen des bislang einzigen Reaktors in Busheher erfolgt durch Russland. Der Forderung der Vereinten Nationen, das Nuklearprogramm zu stoppen, wurde von Iran bislang nicht entsprochen. Bei den iranischen Führungseliten und auch bei der Bevölkerung steht das Programm für Prestige, den Ausdruck nationaler Selbstbestimmung und genießt eine breite Unterstützung. Die vom VN-Sicherheitsrat seit 2006 in mehreren Stufen erlassenen Sanktionen haben bislang ebenso wenig zum iranischen Einlenken beigetragen wie die von der internationalen Gemeinschaft angebotene Gesprächsbereitschaft.

Erschwerend kommt seit Sommer 2009 hinzu, dass das iranische Regime, geschwächt durch innere Unruhen, nach außen Stärke beweisen muss und entsprechend nicht kompromissbereit auftreten kann. Ein Umfeld, das die noch verbliebenen ausländischen Interessenten nicht gerade anlockt.

Die seit den 90er Jahren verhängten US-Sanktionen bewirken letztlich den schleppenden Aufbau des iranischen Energiesektors. US-Firmen ist es komplett verboten mit Iran Handel zu treiben und vor Ort zu Investieren. Zudem verbietet der Iran Sanctions Act Nicht-US-Firmen, sich mit substanziellen Direktinvestitionen im iranischen Energiesektor zu engagieren. Entsprechend überrascht es nicht, dass europäische und japanische Firmen zunehmend zögerlich agieren und sich teilweise komplett aus dem Iran zurückziehen. Auch deutsche Explorationsfirmen haben auf Anraten der Bundesregierung einen Rückzieher gemacht. In die sich auftuende Lücke drängen zunehmend asiatische Energiefirmen. China hat sich beispielsweise inzwischen zum größten iranischen Handelspartner und Investor aufgeschwungen und europäische Energiefirmen wie die französische Total bei Energieprojekten verdrängt, da es Iran derzeit vor allem darauf ankommt, dass die Feldentwicklung ins Laufen kommt. Damit rücken die europäischen Firmen jedoch von der Förderpumpe in die zweite Reihe und ursprünglich für Europa angedachtes LNG wird seine Richtung gen Osten ändern und auf dem chinesischen Markt zum Einsatz kommen.

Um das enorme Erdgaspotential für Europa allerdings voll zu erschließen, bedarf es einer Lösung der oben skizzierten politischen Probleme. In der Zwischenzeit sollten sich der VN-Sicherheitsrat sowie Deutschland auf einen für alle Seiten verbindlichen Modus vivendi einigen, um nationale Wirtschaftsinteressen dem politischen Gesamtziel unterzuordnen. Dies dürfte insbesondere im Hinblick auf russische und chinesische Interessen im Iran nicht einfach werden, wie auch die Verhandlungen zur letzten Runde der Sanktionen wieder gezeigt haben.

Die aktuelle angespannte Situation dürfte sich allerdings noch verschärfen. Neben den bislang bestehenden Sanktionen haben die USA auch ein Embargo auf iranische Treibstoffimporte und Anlagen zum Aufbau von iranischen Raffineriekapazitäten verhängt, was hinter den Kulissen schon seit einigen Jahren diskutiert wurde. Sozusagen die iranische Achillesferse – Iran fördert zwar enorme Mengen an Erdöl, aber bei den eigenen Raffineriekapazitäten herrscht notorische Unterversorgung.

Afrika – die Sicherheitsfrage

Nordafrika und seine Länder spielen für die Versorgung Europas mit Erdöl und Gas seit langem eine entscheidende Rolle. Allen voran Algerien und Ägypten. Die bereits beachtliche Förderung soll weiter ausgebaut und die bestehenden Pipelinerouten erweitert werden. Auch Libyen ist seit der Aufhebung der US-Sanktionen im Jahr 2006 wieder in den Fokus der internationalen Öl- und Gasgesellschaften gerückt. Umso mehr beunruhigen die jüngsten Unruhen und Revolutionen in Nordafrika und den Staaten des nahen und mittleren Ostens die internationalen Energiemärkte. Es bleibt zu hoffen, dass nachfolgende Regierungen an bestehenden Kooperationen und Lieferbeziehungen festhalten, Verlässlichkeit vermitteln und auch auf diesem Wege zur Stabilisierung der Region und der Energiemärkte beitragen.

Jüngeren Datums sind die Energiebeziehungen zu den Ländern südlich der Sahara, insbesondere Nigeria, Angola und Sudan. Ähnlich wie bei der wirtschaftlichen Gesamtentwicklung des afrikanischen Kontinents, kann man auch im Energiesektor zwei Geschwindigkeiten zwischen Nord und Süd ausmachen. Der Süden holt allerdings mit großen Schritten auf und wird zunehmend interessant für Europa. Aber auch andere Länder – allen voran China – suchen eine enge Beziehung. Im Gegensatz zum weltweiten Renationalisierungstrend im Energiesektor, ist es in den Ländern südlich der Sahara für private Unternehmen noch möglich, Fördervorhaben eigenständig oder zumindest mehrheitlich durchzuführen. Dies hat einen regelrechten „Run" auf die Lizenzen ausgelöst. Auf der anderen Seite sind die genannten Länder auch gekennzeichnet durch eine inhärente politische Instabilität, ein sehr unsicheres Umfeld, fehlende Rechtssicherheit, Korruption, schlechte Infrastruktur und kaum vorhandene Umweltauflagen, was zunehmend zu einem Problem wird.

Entführungen von Mitarbeitern der Öl- und Gasfirmen sind an der Tagesordnung. Ebenso haben terroristische Anschläge auf die Einrichtungen der ausländischen Firmen deutlich zugenommen. Die polizeiliche und militärische Sicherung der Einrichtungen und ihrer Mitarbeiter blieben bislang wenig erfolgreich. Die Motivation für die Übergriffe kann zum einen in der schlichten Armut von großen Teilen der Bevölkerung gesehen werden, die kaum oder gar nicht von den staatlichen Einnahmen profitieren, zum anderen sollen aber auch politische Forderungen von Minderheiten, bzw. oppositionellen Gruppen zum Ausdruck gebracht werden („Movement for the Emancipation of the Niger Delta").

Ausländische Firmen und deren Regierungen gehen mit dieser Situation höchst unterschiedlich um. Auf keinem anderen Kontinent prallen die jeweiligen Philosophien in der (Entwicklungs-)Zusammenarbeit der einzelnen Länder so aufeinander wie in Afrika. Während die meisten westlichen Regierungen ihre Zusammenarbeit mit den Entwicklungsländern Afrikas an die Einhaltung von Menschenrechten, Demokratie und guter Regierungsführung knüpfen, konditioniert China seine wirtschaftlichen wie militärischen Hilfen zu großen Teilen an die Vergabe von Förderlizenzen und Aufträgen. China versteht seine Rolle dabei mehr als neutraler Geschäftspartner denn als verantwortlicher Staat. Das Interesse an einer ungehinderten Geschäftsbeziehung führte im Fall Sudan sogar zu einer chinesischen Blockade einer wirksamen VN-Resolution und Sanktionen. Hinzu kommt, dass China auf dem afrikanischen Kontinent im Vergleich zu seinen europäischen Mitstreitern unvorbelastet auftreten kann, die teilweise noch mit ihrem kolonialen Erbe zu kämpfen haben. Bei der Vergabe von Förderlizenzen in der jüngsten Vergangenheit überrascht es daher wenig, dass überwiegend chinesische Staatsunternehmen zum Zuge gekommen sind. Die gute finanzielle Ausstattung der staatlichen Unternehmen tut ihr übriges und erlaubt Preise weit über Marktwert.

Betrachtet man die Situation also rein strategisch, hat China seinen Fuß erfolgreich auf den afrikanischen Kontinent gesetzt und europäische Firmen hinter sich gelassen. Ob dies allerdings dauerhaft so weitergeht, bleibt abzuwarten. Die Rolle Chinas in Afrika ist nicht un-

umstritten. Kritik kommt dabei sowohl aus dem Westen wie aus afrikanischen Ländern selbst. Abgeschlossene Deals platzen oder werden
rückgängig gemacht. Auch chinesische Firmen und Mitarbeiter sind
zunehmend Ziel von Entführungen und Anschlägen.

Es ist daher nicht unwahrscheinlich, dass sich langfristig die europäische Strategie und Zusammenarbeit mit Afrika auszahlt. Zentrale
Elemente sollten daher weiterhin die Wahrung von Menschenrechten,
Demokratie und guter Regierungsführung sein, ansonsten liefern die
Energiebeziehungen kein Mehr an Versorgungssicherheit. Darüber hinaus sollte aber auch über eine engere Verknüpfung von Entwicklungshilfe und der direkten Berücksichtigung europäischer Firmen nachge-
dacht werden. Die seitens Deutschlands mit Nigeria begonnene Energiepartnerschaft liefert hierfür einen guten Ansatz. Langfristig könnte
auch die von der EU und Afrikanischen Union ins Auge gefasste Trans-
Sahara-Pipeline den infrastrukturellen Anschluss an Europa liefern.

Hoher Norden – die Seerechtsfrage

Am Nordpol steht eine russische Flagge aus Titan. Allerdings steht sie
dort nicht auf dem Eis, sondern rund 4.000 Meter unter der Meeresoberfläche und das seit nunmehr über 3 Jahren. Damals tauchten
erstmals zwei russische Mini-U-Boote in diese Tiefen ab, um den Meeresboden mit seinen Gebirgszügen zu erforschen und zugleich den
russischen Besitzanspruch auf einen großen Teil der Arktis zu untermauern. Eine bis dato einmalige Aktion. Die russischen Wissenschaftler
verglichen ihre Expedition im Nachgang dann auch mit der ersten
Mondlandung.

Doch warum dieser Aufwand? Experten vermuten unter der Arktis riesige Mengen an Erdöl- und Erdgasvorkommen. Manche Studien
sprechen von rund einem Viertel der weltweiten Kohlenwasserstoff-
vorkommen. Lagerstätten wie das norwegische Gasfeld Snohvit oder
das russische Shtokman-Feld lassen auf große Mengen hoffen. Der
fortschreitende Klimawandel lässt das Eis in der Region schmelzen,
was die Erforschung und eine künftige Ausbeutung der Rohstoffe
verhältnismäßig einfacher werden lässt. Die notwendigen Technologien, die den widrigen klimatischen Bedingungen standhalten, gilt es
aber erst noch zu entwickeln – eine Chance auch für deutsche Hoch-

technologie. Ein weiterer Vorteil der Region ist sicherlich in der politischen Stabilität zu sehen.

Sollte sich bewahrheiten, dass der Lomonossow-Rücken, ein unterseeischer Gebirgszug von rund 2.000 Kilometern Länge, eine Fortsetzung des russischen Kontinentalschelfs ist, wovon man in Russland derzeit ausgeht, würde sich die wirtschaftlich nutzbare Fläche auf einen Schlag um 1,2 Mio. Quadratkilometer ausdehnen. Eine Fläche etwa so groß wie Südafrika. Der Zugriff auf die dortigen Bodenschätze wäre Russland sicher.

Das sorgt andernorts für Verärgerung und weckt Begehrlichkeiten. Die Reaktionen auf die russische Expedition ließen daher nicht lange auf sich warten. Kanada und die USA, ebenfalls Anrainer der Arktis, brachten durch ihre Außenministerien ihren Unmut zum Ausdruck und relativierten die Bedeutung der symbolträchtigen Aktion. Und in der Tat, der Vorgang bleibt rechtlich bis auf weiteres ohne jegliche Konsequenz. Denn wie in der VN-Seerechtskonvention geregelt, gelten internationale Gewässer und somit der Nordpol, als „gemeinsames Erbe der Menschheit" und gehören somit allen, bzw. niemandem. Allerdings ermöglicht das 1994 in Kraft getretene Übereinkommen eine Ausweitung der jeweiligen Wirtschaftszone über die 200 Seemeilengrenze, sofern sich der Festlandsockel geologisch über die Grenze hinaus erstreckt. Genau das versucht Russland mit seiner Erkundung des Meeresbodens zu beweisen. Für eine abschließende Beurteilung der territorialen Ansprüche ist die VN-Festlandsockel-Kommission zuständig. Norwegen beispielsweise konnte 2009 seine Wirtschaftszone um 235.000 Quadratkilometer ausweiten, nachdem die Festlandsockelkommission einem norwegischen Antrag aus dem Jahr 2006 weitgehend entsprochen hat. Dem internationalen Vertragswerk kommt damit eine entscheidende Rolle im Wettlauf der Anrainer um die Ressourcen des Hohen Nordens zu.

Dass dieser Wettlauf bereits begonnen hat, steht außer Frage. Denn auch die anderen Anrainer – Dänemark (Grönland), Kanada und die USA (Alaska) – weiten unterdessen ihre Forschungsaktivitäten im Hohen Norden aus, um den jeweils anderen in nichts nachzustehen und ihre Besitzansprüche geologisch zu untermauern. Im Falle der USA hat das allerdings einen Haken, denn nur diejenigen Staaten können ihre territorialen Ansprüche geltend machen, die auch die Seerechtskonvention unterzeichnet haben. Die USA haben die Seerechtskonvention zwar unterzeichnet, jedoch bis heute nicht ratifiziert. Entsprechend hektisch versucht man nun, die innenpolitischen Mehrheiten zu gewinnen, um dieses Versäumnis nachzuholen. Bei einer Konferenz im grönländischen Ilulissat im Jahr 2008 bekräftigten alle fünf Anrainer mögliche Territorialstreitigkeiten unter der Regie der Vereinten Nationen und der Seerechtskonvention beizulegen. Zur Überraschung vieler Experten haben sich Norwegen und Russland – nach einem über 30 jährigen Streit – im Frühjahr 2010 nun bilateral auf einen gemeinsamen Grenzverlauf in der Barentssee geeinigt.

Neben den rein rechtlichen Fragen, gilt es aber noch den schonenden Umgang mit den Ressourcen an sich zu klären. Dieser Aspekt scheint bislang zu kurz gekommen zu sein. Der Hohe Norden gilt allgemein als ökologisch äußerst sensible Region. Ein nur kleiner Unfall bei der Rohstoffförderung könnte verheerende Folgen haben. Hier gilt es, für alle verbindliche internationale Rahmenbedingungen zu schaffen. Beispielgebend könnte hier Norwegen sein, das bereits 2006 mit seiner Strategie für den Hohen Norden einen anspruchsvollen Weg für den nachhaltigen Umgang mit den Bodenschätzen aufgezeigt hat.

Fazit: Wirtschaft, Klima, Versorgungssicherheit

Thomas Kästner, Andreas Kießling, Gerrit Riemer

Energie, Wirtschaft, Klima – Was ist zu tun?

Gas ist genauso wie Öl einer der zentralen Energieträger in Deutschland. Gas wird verwendet zum Heizen von Wohnungen und zur Erzeugung von Prozesswärme für die Industrie. Gas wird aufgrund des Ausbaus erneuerbarer Energieträger für die Stromerzeugung immer wichtiger, da die hierdurch verstärkt auftretenden Lastspitzen effizient und umweltfreundlich durch Gasturbinen abgedeckt werden können. Gas wird im Verkehrssektor auch aus umweltpolitischen Gründen immer wichtiger – das zarte Pflänzchen einer Gasfahrzeugflotte wächst stetig. Auch Mineralölkonzerne spielen mit und errichten zunehmend ein Gastankstellennetz. Alles Gas? Alles gut? Steuern wir auf eine schöne neue Gaswelt zu?

Im Huxleyschen Sinn ist dies nicht zu hoffen. Fakt ist jedoch, dass Europa und vor allem Deutschland abhängiger von Energieimporten und auch von Gasimporten werden. Wir verbrennen und nutzen einen Energieträger, den wir selbst nur ganz begrenzt und durch Erschöpfung europäischer Reserven auch nicht mehr lange selber haben werden.

Die Entwicklung unserer Wirtschaft und der Erhalt unseres Wohlstands hängen maßgeblich davon ab, ob und zu welchem Preis Energie, bei uns ankommt. Oftmals wird dabei wie im Strombereich ausgeblendet, dass Gas nicht einfach aus dem Gasrohr kommt, das in die Heizung führt, sondern es einer langen Kette bedarf, um überhaupt Gas zu bekommen. Das Thema Versorgungssicherheit wird – so scheint es – uns nur an kalten Tagen bewusst, wenn Importe nicht so laufen, wie sie laufen sollten.

Wie kann unser Gasbezug, wie kann unsere Gasversorgung gesichert werden?

Deutschland ist im Wettlauf um den Energieträger Gas im Vergleich zu anderen Bodenschätzen gut aufgestellt, da frühzeitig erkannt wurde, im Gasbezug nicht alles auf eine Karte zu setzen. Die Anbindung Deutschlands per Pipeline in Richtung Russland, die Niederlande und Norwegen ist gut, weitere Pipelines Richtung Süden sind in Planung. Speicher wurden frühzeitig gebaut und gewährleisten Einkauf im Sommer und eine gewisse Überbrückung in winterlichen Krisenzeiten. Diese Entwicklung gilt es fortzusetzen, um ein möglichst diversifiziertes Bezugsportfolio zu erhalten und auszubauen.

Die Gasbranche ist europaweit stark im Umbruch. Durch Marktöffnung und Regulierungsvorgaben, dem Auftritt neuer Marktteilnehmer, die gleichzeitig Gas fördern und vergleichsweise mit immensen Kapitalmitteln ausgestattet sind, dem weltweiten Wettbewerb um den knappen Rohstoff Gas und zunehmende Importabhängigkeit Europas steigen die Risiken, aber auch die Chancen. Strategische Antworten auf diese Entwicklungen finden Unternehmen meist in einer breiteren Aufstellung ihrer Energieprodukte, welche die Risiken eines Energieträgers minimiert – andere Unternehmen ersuchen um den Beistand ihrer „Heimatregierungen", die „ihr" Tafelsilber in Form staatlicher Energiekonzerne weiter kontrollieren wollen und aus einem geschützten Heimatmarkt heraus zu Expansionen ermutigen.

Man muss sicher kein Prophet sein, um zu sehen, dass sich die gesamte Gasbranche aufgrund des mit der Marktöffnung entstandenen Effizienzdrucks weiter konsolidieren wird. Zusammenschlüsse von Unternehmen und strategische Partnerschaften werden die Folge sein, größere – auch staatlich unterstützte Gebilde wie GDF Suez – werden weiter entstehen und ein Verdrängungswettbewerb „Groß frisst Klein" könnte einsetzen. Ist die europäische und vor allem deutsche Gaswirtschaft hierfür gerüstet?

Sie ist es nur teilweise, denn im weltweiten Vergleich gibt es nur einige wenige europäische Unternehmen, die mit den ganz großen Energiekonglomeraten mitspielen können. Ungeachtet der Frage, ob in der Größe eines Energieunternehmens die Zukunfts- und Überlebensfrage beantwortet werden kann, geht es für Europa vielmehr darum, gegenüber den (wenigen) Produzenten mit einer Stimme zu sprechen. Dies ist eine der großen energiepolitischen Herausforderungen für die Europäische Union, weil zum einen nationale Interessen unter einen Hut gebracht werden müssen und zum anderen die Mitgliedsstaaten bereit sein müssen, Kompetenzen im Energiebereich an Brüssel abzugeben. Hierfür gibt es bisher nur wenige Anzeichen. Wenn die Europäische Union diesen Spagat schaffen sollte, wird Europa als einer der großen Nachfrager auf Augenhöhe mit anderen Nachfragern wie Asien, China oder die USA von den Produzenten wahrgenommen werden.

Um dieses Ziel zu erreichen, werden sich die Mitgliedstaaten nicht ausschließlich auf den Gasmarkt konzentrieren können, sondern den gesamten Energiemarkt im Blick haben müssen. Dies wird nicht in Form eines vierten Binnenmarktpakets Energie erfolgen können, da hiermit (nur) die Harmonisierung des Gemeinschaftsmarktes Energie weiterentwickelt würde. Vielmehr bedarf es eines größeren Aufschlags und einer konzertierten außenpolitischen Aktion, die eine Energiesicherungsstrategie aller europäischen Mitgliedsstaaten im Fokus hat.

Deutschland und Frankreich könnten aufgrund ihrer energiepolitischen Bedeutung, ihrer unterschiedlichen energiepolitischen Ansätze – vielleicht gerade deswegen – und ihrer sich ergänzenden geographischen Ausrichtung wichtige Impulse für den Beginn eines solchen Prozesses liefern. Die Bundesregierung hat nach der Reaktorkatastrophe von Fukushima weitreichende Entscheidungen zum Umbau des deutschen Energiesystems getroffen. Der Ausbau der Erneuerbaren Energien soll danach bis 2020 insgesamt auf mindestens 35% steigen und bis 2022 sollen alle deutschen Kernkraftwerke abgeschaltet werden. Hierdurch besteht ein großer Bedarf zur Substitution der wegfallenden Grundlast und zur Integration der Erneuerbaren Energien, die „ausgeregelt" werden müssen. Hierfür eignen sich Speicherkraftwerke und Gaskraftwerke, da diese schnell bereitgestellt werden können. Der Zubau zusätzlicher Gaskraftwerke, die nach etwa 6-8 Jahren dem Markt frühestens zur Verfügung stehen könnten, führt dann zu einem steigenden Gasverbrauch. Die Bundesregierung sollte aufgrund der bestehenden Leitungsverbindungen und der zusammenhängenden Systeme die Umsetzung ihres Konzepts mit den Nachbarländern abstimmen. Nur so kann gewährleistet werden, dass das Europäische und Deutsche Energieprogramm Hand in Hand gehen und die Versorgungssicherheit in den angrenzenden Ländern nicht gefährdet wird.

Service-Annex

Energie in 60 Minuten – Service-Annex

Zur Untermauerung und Vertiefung von Energie in 60 Minuten sollen alle Beteiligten im Energiespiel nicht unterschlagen werden. Die Übersicht stellt die wichtigsten Akteure und Links zu wichtigen Veröffentlichungen und Themenportalen zusammen.

Politik

Deutschland

Bundeskanzleramt
Als zentraler Koordinierungsstelle für die gesamte Regierungspolitik kommt dem Bundeskanzleramt eine wichtige Bedeutung im politischen Gefüge der Bundesrepublik zu. Es steht im ständigen Kontakt zu den Ministerien und anderen Bundesbehörden.

- www.bundeskanzleramt.de
- Netztipp: Energiepolitik unter Regierungspolitik A-Z

Auswärtiges Amt (AA)
Das AA ist gemeinsam mit der Wirtschaft mit der Pflege und dem Ausbau der Außenwirtschaftsförderung betraut und schafft so die Grundlage für die Zusammenarbeit zwischen deutschen und ausländischen Unternehmen.

- www.auswaertiges-amt.de
- Netztipp: Globale Fragen, Energie und Klima

Bundesministerium für Umwelt, Naturschutz und Reaktorsicherheit (BMU)
Energiepolitisches Kernthema des BMU ist neben Reaktorsicherheit
vor allem der Bereich Erneuerbare Energien, in dem es federführend
tätig ist.

- www.bmu.de
- Netztipp: Themenseite www.erneuerbare-energien.de

Bundesministerium für Bildung und Forschung (BMBF)
Dem BMBF kommt eine zentrale Rolle bei der Förderung staatlicher
Vorsorgeforschung in den Bereichen Umwelt, Klima und Ökologie zu.

- www.bmbf.de
- Netztipp: Übersicht über Forschung im Bereich Energie:
  www.bmbf.de/de/12337.php

Bundesministerium für Verkehr, Bau und Stadtentwicklung (BMVBS)
Klima, Umwelt und Energie sind Querschnittsthemen des BMVBS. Im
Fokus des Ressorts stehen Energieeffizienz im Gebäudesektor sowie
Ressourcen schonende Mobilität und Raumstrukturen.

- www.bmvbs.de
- Netztipp: Sonderseite www.in-zukunft-leben.de

Bundesministerium für Wirtschaft und Technologie (BMWi)
Als federführendes Ministerium in der Energiepolitik setzt das BMWi
auf Vereinbarkeit von Wirtschaftlichkeit, Versorgungssicherheit und
Umweltverträglichkeit.

- www.bmwi.de
- Netztipp: Sonderseite www.energie-verstehen.de

Bundesamt für Seeschifffahrt und Hydrographie (BSH)

Die Bundesoberbehörde im Geschäftsbereich des BMVBS ist u.a. zuständig für die Genehmigung von Offshore-Aktivitäten wie Windenergieanlagen und Pipelines. Sitz: Hamburg und Rostock.

- www.bsh.de
- Netztipp: Aktuelle Projektliste Offshore-Parks

Bundesanstalt für Geowissenschaften und Rohstoffe (BGR)

Die Fachbehörde des BMWi berät die Bundesregierung bei geowissenschaftlichen und rohstoffwirtschaftlichen Fragen, informiert die deutsche Wirtschaft und beteiligt sich an der internationalen geowissenschaftlichen Zusammenarbeit. Sitz: Hannover.

- www.bgr.bund.de
- Netztipp: Jahresberichte zum Thema Energierohstoffe.

Bundeskartellamt (BKartA)

Das Bundeskartellamt in Bonn ist eine selbständige Bundesoberbehörde im Geschäftsbereich des BMWi. Sie hat zur Aufgabe, den wirtschaftlichen Wettbewerb in Deutschland zu prüfen und zu überwachen.

- www.bundeskartellamt.de

Bundesnetzagentur für Elektrizität, Gas, Telekommunikation, Post und Eisenbahnen (BNetzA)

Die selbständige Behörde im Geschäftsbereich des BMWi überwacht u.a. die Einhaltung des Energiewirtschaftsgesetzes (EnWG). Hauptsitz ist Bonn.

- www.bundesnetzagentur.de
- Netztipp: Monitoringberichte zur Entwicklung des Strom- und Gasmarkts

Bundeszentrale für Politische Bildung (BpB)

Die Bundesanstalt im Geschäftsbereich des Bundesministeriums des Innern hat die Aufgabe, durch politische Bildungsmaßnahmen aller Art das demokratische Bewusstsein und die politische Partizipation zu fördern. Sitz: Bonn.

- www.bpb.de
- Netztipp: Dossiers Energiepolitik und Klimawandel

Deutsche Emissionshandelsstelle (DEHSt)

Die dem Umweltbundesamt angegliederte Emissionshandelsstelle ist die zuständige nationale Behörde zur Umsetzung des im Kyoto-Protokoll vereinbarten Emissionsrechtehandels und kontrolliert die Zuteilung und Ausgabe der Emissionsberechtigungen für Deutschland. Sitz ist Berlin.

- www.dehst.de

Deutsche Energie-Agentur GmbH (dena)

Die dena hat zum Ziel, die zukunftsfähige und umweltschonende Gewinnung, Umwandlung und Nutzung von Energie voranzutreiben und ist insbesondere ein Kompetenzzentrum für das Thema Energieeffizienz. Sitz: Berlin.

- www.dena.de
- Netztipp: Themenseite www.initiative-energieeffizienz.de

Monopolkommission

Unabhängiges Beratungsgremium der Bundesregierung auf den Gebieten der Wettbewerbspolitik und Regulierung, das alle zwei Jahre ein Gutachten zu Stand und Entwicklung der Unternehmenskonzentration in Deutschland herausgibt und mit Sondergutachten die Entwicklung im Energiemarkt beschreibt. Sitz: Bonn.

- www.monopolkommission.de

Sachverständigenrat Umweltfragen (SRU)

Der SRU ist ein wissenschaftliches Beratungsgremium der Bundesregierung mit dem Auftrag, die Umweltsituation und Umweltpolitik in der Bundesrepublik Deutschland und deren Entwicklungstendenzen darzustellen und zu begutachten sowie umweltpolitische Fehlentwicklungen und Möglichkeiten zu deren Vermeidung oder Beseitigung aufzuzeigen.

- http://www.umweltrat.de/

Statistisches Bundesamt (Destatis)

Die dem Bundesministerium des Innern zugeordnete Behörde hält Daten auf Bundes- und Länderebene in den Hauptbereichen Wirtschaft, Gesellschaft und Umwelt vor. Hauptsitz ist Wiesbaden.

- www.destatis.de
- Netztipp: Datenbank GENESIS Online

Umweltbundesamt (UBA)

Deutschlands zentrale Umweltbehörde hat die Aufgabe, die Bundesregierung wissenschaftlich zu beraten sowie die Öffentlichkeit zu Umweltthemen zu informieren. Sie gehört zum Geschäftsbereich des BMU und sitzt in Dessau.

- www.umweltbundesamt.de
- Netztipp: CO_2-Rechner unter www.umweltbundesamt.de/energie

Europa und Welt

Europäische Kommission

Das politische unabhängige Organ wahrt die allgemeinen Interessen der Europäischen Union hat in Gesetzgebungsverfahren das Initiativrecht inne.

- www.ec.europa.eu/index_de.htm
- Netztipp: Leitseite Energie www.ec.europa.eu/energy

Europäisches Parlament

Das einzige direkt gewählte Organ der EU arbeitet auf Initiative der EU-Kommission Rechtsvorschriften aus. Den Lebensalltag der EU-Bürger berühren z.B. die Bereiche Umweltschutz und Verbraucherrechte.

- www.europarl.de
- Netztipp: Ausschuss Energie
  www.europarl.europa.eu/committees/itre_home_en.htm

Europarat

Der Europarat ist der Zusammenschluss aller 49 europäischen Staaten und setzt sich für die Förderung von wirtschaftlichem und sozialem Fortschritt ein. Fokusthema sind Menschenrechte. Er ist zu unterscheiden vom *Europäischen Rat* der Staats- und Regierungschefs und dem *Rat der Europäischen Union*, einem Gremium auf Ministerebene der EU-Staaten.

- www.coe.int

Europäischer Gerichtshof (EuGH)

Der Gerichtshof der Europäischen Gemeinschaften ist das oberste rechtsprechende Organ der Europäischen Gemeinschaften (EG). Er gewährleistet die einheitliche Auslegung des europäischen Rechts.

- www.curia.europa.eu

Energy Charter Treaty (ECT)

Die Energiecharta ist ein multilateraler Vertrag, der die Stärkung und Einhaltung der Handelsbedingungen in Energiefragen und Investitionssicherheit bezweckt. Sitz ist Brüssel, die Mitglieder sind hauptsächlich Länder Europas und Vorderasiens.

- www.encharter.org

European Regulators' Group for Electricity and Gas (ERGEG)
Die ERGEG in Brüssel ist ein Beratungsgremium der Europäischen Kommission für Energiefragen, das sich aus den nationalen Regulierungsbehörden wie der Bundesnetzagentur zusammensetzt.

- www.energy-regulators.eu

International Renewable Energy Agency (IRENA)
Die in der Gründungsphase befindliche zwischenstaatliche Organisation will den Beitrag Erneuerbarer Energien zu Klimaschutz, ökonomischen Wachstum und sozialen Zusammenhalt erhöhen. Vorgesehener Hauptsitz ist Abu Dhabi.

- www.irena.org

Statistisches Amt der Europäischen Gemeinschaften (Eurostat)
Das Brüsseler Eurostat stellt Statistiken für die Länder der EU zusammen, die von den nationalen statistischen Ämtern der Mitgliedstaaten erhoben werden und fördert die Harmonisierung statistischer Erhebungsmethoden.

- www.epp.eurostat.ec.europa.eu
- Netztipp: Pocketbook Energy, transport and environment indicators

UN-Energy
UN-Energy ist ein interner Mechanismus der Vereinten Nationen um alle Programme im Bereich Energie zu koordinieren.

- http://esa.un.org/un-energy

United Nations Development Programme (UNDP)
Das Entwicklungsprogramm der Vereinten Nationen in New York setzt sich für Interessen der Entwicklungsländer in der Öffentlichkeit ein, hat eine Schlüsselrolle bei der Umsetzung der Millenniumziele und koordiniert Entwicklungsaktivitäten auch im Bereich Energie.

- www.undp.org
- Netztipp: Jährlicher Human Development Report unter www.hdr.undp.org

United Nations Framework Convention on Climate Change (UNFCCC)
Die Klimarahmen-Konvention der Vereinten Nationen ist ein internationales Abkommen zur Reduzierung der globalen Erwärmung. Die jährlichen Weltklimagipfel sind zugleich Vertragsstaatenkonferenzen des Kyoto-Protokolls. Das Hauptbüro sitzt in Bonn.

- www.unfccc.int
- Netztipp: Datensammlung *Greenhouse Gas Inventory*

World Energy Council (WEC)
Der WEC mit Sitz in London erarbeitet Analysen und Strategieempfehlungen zu allen Energieträgern. Mitglieder sind sowohl Regierungsstellen als auch Unternehmen und NGOs.

- www.worldenergy.org
- Netztipp: Deutsches Nationales Komitee des WEC unter www.weltenergierat.de

Wirtschaft und Verbände

Börsen (Netzadressen)

- www.eex.com
- www.apendex.com
- www.ceghex.com
- www.theice.com
- www.cmegroup.com

Gas-Netzbetreiber (Netzadressen)

- www.nationalgrid.com
- www.net-connect-germany.de
- www.gastransportservices.nl
- www.fluxys.com

Bundesverband der Deutschen Industrie e.V. BDI
Als Spitzenverband der Industrie vereint der BDI Fachverbände im
Bereich der Industrieunternehmen und industrienahen Dienstleister
und fungiert als Mittler zwischen Politik und Wirtschaft zur Stärkung
des Industriestandortes Deutschland.

- www.bdi-online.de
- Netztipp: Positionspapiere zum Thema Energie unter
  www.bdi.eu/58.htm

Bundesverband der Energie- und Wasserwirtschaft (BDEW)
Im Bundesverband der Energie- und Wasserwirtschaft sind Unternehmen aus der Strom-, Fernwärme-, Gas-, Wasser- und Abwasserwirt-
schaft zusammengeschlossen. Der BDEW veröffentlicht neben seinem
Jahresbericht Informationen zu energiewirtschaftlichen Tehmen. Sitz
ist Berlin.

- www.bdew.de
- Netztipp: Umfangreiche Datensammlung zum Energiemarkt

Bundesverband Erneuerbare Energien e.V. (BEE)
Der BEE ist der Dachverband für alle Erneuerbaren Energien und setzt
sich für die Verbesserung der Rahmenbedingungen sowie die Durchsetzung der Chancengleichheit dieser Energien gegenüber anderen
Energieträgern ein. Sitz ist Berlin.

- www.bee-ev.de

Bundesverband neue Energieanbieter (bne)

Der bne mit Sitz in Berlin ist ein Zusammenschluss von Stromlieferan-
ten und -produzenten, die für die Versorgung ihrer Kunden mit Strom
oder Gas überwiegend die Netze Dritter nutzen, und setzt sich für die
Förderung, Durchsetzung und Kontrolle des Wettbewerbs auf dem
Energiemarkt ein.

- www.neue-energieanbieter.de

DVGW Deutscher Verein des Gas- und Wasserfaches e.V.

Technisch-wissenschaftlicher Verein im Gas- und Wasserfach, der die
technischen Standards für eine sichere und zuverlässige Gas- und Wasserversorgung setzt.

- www.dvgw.de

EASEE –gas

Der seit 2002 bestehende Verband unterstützt Gashandel und Gasaus-
tausch in Europa. Sitz: Brüssel.

- www.easee-gas.org

Energieeffizienzverband für Wärme, Kälte und KWK (AGFW)

Der AGFW vertritt neben BDEW Betreiber von Heizkraftwerken und
Fernwärmenetzen in Politik und Öffentlichkeit und setzt sich für Ent-
wicklung und Ausbau der Nah-/ Fernwärme-, Kälte- und KWK-
Versorgung ein. Sitz ist Frankfurt am Main.

- www.agfw.de

Eurogas

Eurogas ist der Dachverband europäischer Unternehmen und Verbände, die in den Bereichen Förderung, Handel und Vertrieb von Erdgas
tätig sind. Er vertritt die Interessen der europäischen Gasindustrie und
sitzt in Brüssel.

- www.eurogas.org

European Federation of Energy Traders (EFET)
Der 1999 gegründete Verband mit Sitz in Amsterdam ist ein Zusammenschluss europäischer Energiehandelsunternehmen, der die Bedingungen des Energiehandels in Europa verbessern und den europäischen Energiemarkt vorantreiben will.

■   www.efet.org

European Network of Transmission System Operators for Gas (ENTSOG)
Der seit 2009 bestehende Verband mit Sitz in Brüssel vertritt die Interessen der Transmission System Operators (TSO).

■   www.entsog.eu

Gas Infrastructure Europea (GIE)
Der Verband vertritt die Interessen von TSO, Speicherbetreibern und Betreibern von LNG Terminals. Sitz: Brüssel.

■   www.gie.eu.com

Gesamtverband des Deutschen Brennstoff- und Mineralölhandels e. V. (gdbm)
Der gdbm vertritt die Interessen des Brennstoffgroß- und Einzelhandels in Deutschland.

■   www.gdbm.de

GEODE: Groupment Européen des enterprises et organismes de Distribution d'Ènergie
Der europäische Verband vertritt seit 1991 Strom- und Gasverteilerunternehmen und umfasst rund 500 Mitglieder.

■   www.geode.de

Marcogaz
Vertreter der Europäischen Erdgasindustrie hinsichtlich technischer
Fragen. Deutsches Mitglied GVGW.

- www.marcogaz.org

International Association of Oil & Gas producers (OGP)
Die vor 1999 unter der Bezeichnung "E&P Forum" bekannte Vereini-
gung vertritt weltweit Unternehmen der Öl- und Gasförderung.

- www.ogp.org.uk

Union of the Electricity Industry (Eurelectric)
Eurelectic in Brüssel vereint die europäische Elektrizitätswirtschaft und
fungiert als Interessenvertretung bei Fragen zur weiteren Liberalisierung und Harmonisierung des Energiemarktes. Deutsches Mitglied
dieses Dachverbands ist der BDEW.

- www.eurelectric.org

Verband der Chemischen Industrie (VCI)
Der VCI mit Sitz in Frankfurt am Main vertritt die wirtschaftspolitischen
Interessen von 1.600 Chemieunternehmen gegenüber Politik und Be-
hörden.

- www.vci.de

Verband der Industriellen Energie- und Kraftwirtschaft (VIK)
Der VIK vertritt die Interessen der Energiekunden in Industrie und
Gewerbe. Ein Großteil der Mitglieder gehört zu den versorgerunab-
hängigen Stromproduzenten.

- www.vik.de

VKU Verband kommunaler Unternehmen e. V
Der Verband kommunaler Unternehmen mit Sitz in Berlin vertritt die
Interessen der kommunalen Wirtschaft in den Bereichen Energie- und
Wasserversorgung, Entsorgung und Umweltschutz. Viele Mitglieder
sind Stadtwerke oder Nachfolgegesellschaften derselben.

- www.vku.de

8KU
8KU ist eine Kooperation von acht überwiegend regional operierenden
Energieunternehmen. Sitz ist Berlin.

- www.8ku.de

Nicht-Regierungsorganisationen

Attac
Attac ist eine Organisation von Globalisierungskritikern, die sich weltweit für eine ökologische und solidarische Weltwirtschaftsordnung
einsetzt.

- www.attac.de

Bund für Umwelt und Naturschutz Deutschland (BUND)
Der BUND mit Sitz in Berlin ist einer der größten Umweltverbände
Deutschlands und Mitglied von Friends of the Earth International, dem
weltweit größten Netzwerk unabhängiger Umweltgruppen. Als aner-
kannter Träger öffentlicher Belange ist er Ansprechpartner für Um-
weltgesetzgebung und Raumordnung.

- www.bund.net

Greenpeace
Greenpeace setzt sich als internationale Organisation für den Schutz
der Lebensgrundlagen für Mensch und Tier ein. Fokusthemen im Ener-

giebereich sind Kernkraft und Mineralölwirtschaft. Deutschlandsitz ist
Hamburg.

- www.greenpeace.de

World Wide Fund for Nature Deutschland (WWF)
Der WWF ist eine der größten Naturschutzorganisationen der Welt.
Hauptanliegen ist die Bewahrung der Biodiversität. Sitz in Deutschland:
Frankfurt am Main.

- www.wwf.de

Institute und Thinktanks

Deutsches Institut für Wirtschaftsforschung (DIW)
Das Wirtschaftsforschungsinstitut betreibt Grundlagenforschung und
wirtschaftspolitische Beratung. Gutachten und Studien im Energiebereich bilden ein Hauptsegment des Instituts mit Sitz in Berlin.

- www.diw.de

*Deutsche Wissenschaftliche Gesellschaft für Erdöl, Erdgas und Kohle
e.V. (DGMK)*
Die Gesellschaft mit Sitz in Hamburg fördert Wissenschaft, Forschung
und Technik.

- www.dmgk.de

Energiewirtschaftliches Institut an der Universität zu Köln (EWI Köln)
Das EWI erarbeitet in enger Kooperation mit Partnern aus Wirtschaft
und Politik energiewirtschaftliche Fragen auf und erstellt Marktanaly-
sen zum Energiesektor. Neben der öffentlichen Förderung wird das
EWI durch eine Fördergesellschaft unterstützt.

- www.ewi.uni-koeln.de

Forum für Zukunftsenergien
Die Plattform will dem branchen- und interessenübergreifenden Diskurs über die Gestaltung einer nachhaltigen Energiewirtschaft dienen und setzt sich dabei sowohl für Erneuerbare als auch für nicht-Erneuerbare Energien ein. Mitglieder sind neben Bundesländern auch Verbände und Unternehmen des Energiesektors.

- www.zukunftsenergien.de

Groupe International des Importateurs de Gaz Naturel Liquéfié (GIIGNL)
Der Verband vertritt Unternehmen rund um das Thema LNG.

- www.giignl.org

Hamburgisches WeltWirtschaftsInstitut (HWWI)
Das liberal ausgerichtete Wirtschaftsforschungsinstitut in Hamburg führt Analysen und Gutachten zu wirtschaftlichen Trends durch. Das Institut ist privatwirtschaftlich organisiert.

- http://www.hwwi.org/

ifo Institut für Wirtschaftsforschung
Das der Ludwig-Maximilians-Universität München angegliederte Institut ist eines der großen deutschen Wirtschaftsforschungsinstitute.

- www.ifo.de

Institut für Weltwirtschaft an der Universität Kiel (ifW)
Das ifW sieht seine Hauptaufgabe in der Erforschung innovativer Lösungsansätze für drängende weltwirtschaftliche Probleme und leistet hierzu Forschung, Beratung und Öffentlichkeitsarbeit.

- www.ifw-kiel.de

Intergovernmental Panel on Climate Change (IPCC)

In dem der Klimarahmen-Konvention (UNFCC) beigeordneten Ausschuss soll von Wissenschaftlern und Experten aus aller Welt der aktu-
ellste Wissensstand zum Klimawandel zusammengetragen werden um
zu Einschätzungen der Folgen des Klimawandels zu gelangen und
Vermeidungs- und Anpassungsstrategien zu formulieren. Sitz ist Genf.

- www.ipcc.ch
- Netztipp: Sachstandsberichte zum Klimawandel

International Energy Agency (IEA)

Die Internationale Energieagentur ist eine eigenständige Einheit der
OECD und dient den Mitgliedstaaten als Austauschforum energierele-
vanter Fragestellungen wobei Energiesicherheit und die Koordination
von Energiestrategien im Vordergrund stehen.

- www.iea.org
- Netztipp: Jährlicher World Energy Outlook:
  www.worldenergyoutlook.org

Öko-Institut

Das Öko-Institut ist eine Forschungs- und Beratungseinrichtung für
Politik und Wirtschaft. Unter dem Oberthema Nachhaltigkeit werden
u.a. auch Energiefragen bearbeitet.

- www.oeko.de
- Netztipp: E-Paper Nachhaltigkeit

Rheinisch-Westfälisches Institut für Wirtschaftsforschung e.V. (RWI)

Das Essener Institut ist Mitglied der Leibniz-Gemeinschaft und versteht
sich als Zentrum für wissenschaftliche Forschung und Politikberatung.
Im Fokus stehen Fragen zur Wirtschaftspolitik sowie Energie- und
Umweltökonomie.

- www.rwi-essen.de
- Netztipp: Projekt CO_2-Monitoring

Stiftung Wissenschaft und Politik (SWP)
Die Stiftung berät den Bundestag, die Bundesregierung sowie die
Öffentlichkeit. Neben Energieaußenpolitik nimmt die SWP auch zu
Fragen des Klimaschutzes Stellung.

▪   www.swp-berlin.org

World Energy Forum (WEF)
Das WEF ist eine Austauschplattform für die globale Energieindustrie.
Die Themenfelder umfassen Klimawandel, Energieträger und Zukunfts-
technologien.

▪   www.worldenergyforum.com
▪   Netztipp: Blogs und Foren zu Spezialthemen

Worldwatch Institute
Das in Washington ansässige Institut arbeitet auf dem Gebiet der
Nachhaltigkeit und Technikfolgenabschätzung. Der umfassende Nach-
haltigkeitsbegriff fokussiert vor allem das Schwinden natürlicher Ressourcen.

▪   www.worldwatch.org
▪   Netztipp: Jahresberichte mit wechselnde Spezialisierungen

Wuppertal Institut für Klima, Umwelt, Energie
Im Verantwortungsbereich des Ministeriums für Innovation, Wissenschaft, Forschung und Technologie des Landes Nordrhein-Westfalen
angesiedelt, sieht sich das Institut der anwendungsorientierten Nach-
haltigkeitsforschung verpflichtet. Strategien zum Thema Klimawandel
und Energieversorgung sind Kernthemen.

▪   www.wupperinst.org
▪   Netztipp: Wuppertal Papers als Arbeitspapiere zu Förderung des
    Diskurses.

Glossar

Die Autoren

Dr. Jan von Drathen leitet den Geschäftsbereich Concentrated Solar Power der E.ON Climate & Renewables. Zuvor bekleidete er über die letzten 10 Jahre verschiedene Positionen im Energie-Handel mit Schwerpunkt Gas. Seine Karriere begann er als Innenrevisior für Investment Banken in London. Er studierte Betriebswirtschaft an der Universität Kiel und University of Illinois und promovierte an der Wirtschaftsuniversität Wien.

Thomas Kästner begann nach Studium der Rechtswissenschaften in Mainz, Dijon und Konstanz seine berufliche Laufbahn 1999 bei der PreussenElektra AG. Nach verschiedenen Positionen in den Bereichen Recht, M&A sowie Public Affairs koordiniert er seit 2010 die Internationale Politik für die E.ON AG

Dr. Andreas Kießling studierte Politikwissenschaft in München und arbeitet seit 2008 nach beruflichen Stationen im Centrum für angewandte Politikforschung (C.A.P) der LMU München und in der Bertelsmann Stiftung bei der E.ON AG im Bereich "Political Affairs and Corporate Communications".

Gerrit Riemer studierte Volkswirtschaft in Bonn und war danach in verschiedensten Funktionen beim Bundesverband der Deutschen Gas- und Wasserwirtschaft (BGW, jetzt: BDEW) tätig (u.a. Energie- und Regulierungspolitik, Leiter Repräsentanz Brüssel). Nach einer Tätigkeit als Leiter der Berliner Repräsentanz des Mineralölwirtschaftsverbands nahm er 2006 seine Tätigkeit bei der E.ON auf, zunächst bei der E.ON Ruhrgas und seit Ende 2007 bei der E.ON AG. Hier leitet er den Bereich Energy Mix, Environment, Efficiency.

Dr. Stefan Ulreich studierte theoretische Physik in München. Er arbeitet seit April 2010 bei der E.ON AG im Bereich „Political Affairs and Corporate Communications". Davor war er seit dem Jahr 2000 in mehreren Funktionen in der E.ON-Gruppe in den Bereichen Erzeugungsstrategie, Handel und Energiepolitik tätig.

Markus Wörz begann nach dem Studium der Volkswirtschaftslehre in Freiburg und München sowie einem Masterstudium der Europawissenschaften in Basel 2004 seine berufliche Laufbahn im Auswärtigen Amt in Berlin als Referent für internationale Energiepolitik. Seit 2007 arbeitet er bei der E.ON AG im Bereich „Political Affairs and Corporate Communications

Neu im Programm
Politikwissenschaft

25942398R00087

Printed in Poland
by Amazon Fulfillment
Poland Sp. z o.o., Wrocław